Bali
und Lombok

Von Elisabeth Schnurrer

S. 36

Bali und Lombok Kaleidoskop

Karten und Pläne

☐ Service

Bali und Lombok aktuell A bis Z   127

Sprachführer   137

Register   141

Bali und Lombok Impressionen
Inselperlen im Indischen Ozean

Viel gerühmt sind sie, die tropischen Inseln Indonesiens, die sich von Sumatra
bis Irian Jaya über Tausende von Kilome-
tern am Äquator entlang hinziehen – wie
die sprichwörtlichen schimmernden Per-
len an einer langen Kette.

Bali

Unter all diesen Inseln nimmt Bali seit jeher eine Sonderstellung ein. Obwohl mit
5501 km² eine der kleineren Inseln des indonesischen Archipels, ist sie doch bei
weitem die bekannteste. Bali – mit dem
Namen verbindet sich die Vorstellung
vom ›Paradies auf Erden‹, in dem die
Menschen stets freundlich sind und von
der Natur reich beschenkt werden.

Reichtum der Natur

Es ist wahr, Bali ist ein wunderschönes
Fleckchen Erde. Kokospalmen beschat-
ten feine **Sandstrände**, muschelweiß im
Süden, vulkanschwarz im Norden. Die
Berge im Zentrum der Insel sind übersät
von kunstvoll angelegten **Reisterrassen**,
die mehrere Bauern gemeinsam bestel-
len und die aussehen, als seien sie von
Gartenarchitekten gestaltet worden. Dazwischen erstrecken sich ausgedehnte
Kaffee- und Gewürzplantagen. In den
mittleren und höheren Lagen gibt es
weite Wälder, durch deren dichtes Grün
immer wieder die kühlen Wasser von romantischen Bergseen schimmern.

Licht- und Schattenseite

All das gibt es, dieses traumhafte Bali
existiert tatsächlich. Doch das ›Paradies‹
hat auch andere Seiten, die nicht selten
mit dem seit den 1920er-Jahren bestän-
dig zunehmenden Tourismus in Zusammenhang stehen. Bis dahin unbekannte
soziale und ökologische Probleme wie
Landflucht, langsame Auflösung alther-
gebrachter Familienstrukturen und ›Aus-
verkauf‹ des Landes sind einige davon.
Antiwestlich waren die Bombenanschlä-
ge im Oktober 2002 in Kuta und im Oktober 2005 in Jimbaran motiviert, Zentren
des touristischen Lebens auf Bali. Vor al-

Oben: *Überall lauern Dämonen und Mons-
ter – durch dieses Furcht erregende Maul
gelangt man in die Höhle von Goa Gajah*
Rechts: *Mit Anmut und Würde tragen die
Balinesinnen ihre kunstvoll aufgetürmten
Opfergaben zum Heiligtum*
Oben rechts: *Wie aus einem fernöstlichen
Märchen – die Türme und Dächer des
Tempels Tanah Lot im Abendlicht*

lem nach dem Attentat im Jahr 2002 brachen die Besucherzahlen zunächst deutlich ein, was wiederum drastisch deutlich machte, wie sehr Bali heute wirtschaftlich auf den Tourismus angewiesen ist. Doch die ›Insel der Götter‹ erholt sich zusehends von dem Terrorschock, die ausländischen Besucher kehren in reichlicher Zahl zurück.

Die Balinesen selbst sind überzeugt, dass sie die Anforderungen der moder-

nem Zeit in ihre traditionelle Gesellschaft integrieren können – nicht zuletzt, da ein starker Pfeiler ihrer Gemeinschaft nach wie vor die Religion ist. Auch in dieser Hinsicht ist Bali einmalig.

Die Kultur der Harmonie

Bali ist die einzige hinduistische Insel im ansonsten überwiegend muslimischen Indonesien. Mehr als 95 % der Balinesen gehören dem **Hindu-Dharma-Glauben**

an, der Harmonie der Menschen untereinander, Einklang mit der Natur und den
Göttern lehrt. So sind die Balinesen stets
auf Ausgleich bedacht und immer bereit,
in jeder Situation erst einmal mit einem
Lächeln zu reagieren.

Der balinesische Hinduismus brachte
ein moderates Vier-Kasten-Wesen hervor. Gleichzeitig bildet er auch die Grundlage für die Vielzahl von **Göttern und Dämonen**, die überall auf Bali in Form von
meist steinernen Manifestationen des
einzigen Gottes Ida Sanghyang Widhi
Wasa verehrt werden. Kleine, liebevoll
dargebrachte Opfergaben an Tempeln,
Stränden oder Wegkreuzungen gehören
genauso zum balinesischen Alltag wie
großartige, farbenreiche Prozessionen.

Ferien für Körper und Seele

Entsprechend sind Besuche der oft
prachtvoll geschmückten **Tempel** ein
Muss für jeden Bali-Urlauber. Auswahl

Oben: *Grimmige Tempelwächter halten
das Böse fern – nicht nur in Batubulan*
Mitte: *Von Realismus bis Fantastik reicht
die Palette balinesischer Malerei*
Unten: *Allgegenwärtig sind die eindring-
lichen Laute der Gamelanorchester*
Mitte oben: *Beschwörend und ekstatisch
wirkt der Kecak-Tanz*
Rechts oben: *Mit wilden Gebärden erzählt
der Jauk-Tanz von Helden und Dämonen*
Rechts Mitte: *Tücher und Stoffe bestechen
durch ihre überwältigenden Farben*
Rechts unten: *Im Barong-Tanz werden Geschichten aus dem Ramayana-Epos lebendig*

gibt es reichlich, mal kühn auf Klippen thronend wie Uluwatu oder Tanah Lot, mal auf der Höhe der Berge den Göttern nah wie Besakih oder Batukau.

Man kann diese Berge aber auch aus rein sportlichen Gründen besteigen, etwa den 3142 m hohen ›Sitz der Götter‹ Gunung Agung oder den Vulkan Gunung Batur (1717 m). Wer weniger hoch hinaus will, kann seine Zeit auch sehr angenehm mit **Wandern** oder **Fahrradfahren** verbringen, z. B. rings um das Künstlerstädtchen Ubud. Und dann gibt es natürlich noch die herrlichen Strände, an denen es sich unter Palmen so wunderbar träumen lässt. **Wassersport** wird an der gesamten Küste groß geschrieben, vom Schwimmen vor Sanur über Surfen und Wellenreiten bei Kuta und Legian bis zum Tauchen und Schnorcheln an den Riffen von Tulamben, Lovina und der Pulau Menjangan im Norden.

Lombok

Gegen die schier übermächtige Konkurrenz des beliebten Bali tut sich die vergleichsweise unbekannte östliche Nachbarinsel Lombok oft schwer. Urlaubern, denen Bali touristisch zu erschlossen, zu durchorganisiert ist, besuchen gern die östliche Nachbarinsel Lombok, die auf 4667 km^2 relative Abgeschiedenheit bietet. Gäste finden hier ebenso prächtige **Sandstrände**, palmenbestanden in Senggigi, blendend weiß und weit in Kuta und Tanjung A'an oder schwarz von fein zermahlenem Lavastein bei Labuhan Haji – nur eben ruhiger, menschenleerer.

Insel für Sportliche

Auch das touristische Angebot Lomboks muss sich zumindest an Westküste der Insel nicht verstecken. Schwimmen, Windsurfen, Wasserski, alles ist geboten. Ausgedehnte Tauch- und Schnorchelausflüge zu den Gilis mit ihren berühmten **blauen Korallen** gehören zu den schönsten Erlebnissen – wo sonst bekommt man so etwas zu sehen? Und für alle, die im Urlaub hoch hinaus wollen kann auch Lombok mit einem aktiven Vulkan aufwarten. Eine **Besteigung** des 3726 m hohen **Gunung Rinjani** dürfte bergsteigerisch sogar eine größere Herausforderung sein, als den ›westlichen Bruder‹ Gunung Agung zu bezwingen.

Land und Leute

Mitunter sagt man von Lombok, es sei wie Bali vor 40 Jahren. Das stimmt nur bedingt. Freilich geht alles gemächlicher zu, aber Lombok unterscheidet sich auch prinzipiell von seinem Nachbarn.

Oben: *Das Paradies der weißen Strände und sich wiegenden Palmen – hier in Padang Bai*
Mitte: *Tradition und Moderne verbinden sich – Tänzerinnen auf dem Weg zur Aufführung*
Unten: *Fröhliche Kinder prägen überall das Bild der Inseln*
Rechts oben: *Wie vom Landschaftsarchitekten angelegt – Reisterrassen bei Pupuan*
Rechts Mitte: *Der Schattenspieler des Wayang kulit versetzt seine Zuschauer mit Stabpuppen in ferne Zeiten und Welten*

über Temperaturen von 27 bis 30 °C im Schatten vorherrschen, ist die **Vegetation** in weiten Teilen Lomboks doch etwas karger. Entsprechend wird überwiegend Trockenreis angebaut, stimmungsvolle Reisterrassen sieht man hier nur selten.

Von dieser Grundstimmung scheinen auch Kultur und Kunst der Sasak geprägt. Die verwendeten Farben sind gedämpfter, die Tänze wirken wilder, die Sasak selbst im Wesen zurückhaltender. Und doch ist es gerade diese gewisse Sprödigkeit, die die ganz eigene Schönheit und den Charme Lomboks ausmacht.

Der Reiseführer

Der vorliegende Band stellt die beiden Inseln Bali und Lombok in sieben Kapiteln vor. Durchnummerierte Besichtigungspunkte präsentieren die herausragenden Sehenswürdigkeiten, Geschichten und Hintergrundinformationen sind in den Kurzessays des **Kaleidoskops** zusammengefasst. **Übersichtskarten**, **Stadtpläne** sowie **Praktische Hinweise** zu den jeweiligen Punkten machen dem Leser die Orientierung leicht. Auf besonders empfehlenswerte Sehenswürdigkeiten, Hotels und Restaurants weisen die **Top Tipps** hin. Abschließend vermittelt **Bali und Lombok aktuell A bis Z** alphabetisch geordnet alle Informationen von Ankunft über Einkaufen oder Feste und Feiern bis zu Verkehrmittel im Land. Als nützlicher Reisebegleiter erweist sich auch der umfassende **Sprachführer** in Bahasa Indonesia.

Geografisch sind die beiden Inseln durch den Wallace-Graben getrennt. Der britische Zoologe Sir Alfred Russell Wallace stellte im 19. Jh. westlich und östlich der Meeresstraße unterschiedliche Fauna und Flora fest; die nach ihm benannte Linie bildet eine natürliche Scheide. Außerdem besteht die Bevölkerung Lomboks zu 90% aus muslimischen **Sasak**. Lediglich knapp 10% sind zugewanderte Balinesen, dazu kommen chinesische, arabische und javanische Minderheiten. Nur auf Lombok finden sich Anhänger der muslimischen **Wetu Telu-Sekte**, die an die Dreiheit allen Seins glauben.

Nicht zuletzt ist auch die Natur Lomboks eine andere als die Balis. Wiewohl auf beiden Inseln das ganze Jahr tags-

Geschichte, Kunst, Kultur im Überblick

Tempel, Traditionen und Traumstrände – Inseln für Götter, Prinzessinnen und Touristen

Prähistorische Zeit

ca. 25 000–3000 v. Chr. Besiedelung des indonesischen Archipels von Südchina her.

um 2500–1500 v. Chr. Malaien wandern aus dem Norden ein.

um 300 v. Chr. Beginn der Bronze- und Eisenzeit auf Bali.

Hinduistisch-buddhistische Zeit

ab 1. Jh.n. Chr. Indische Händler bereisen den gesamten Archipel und verbreiten buddhistisches Gedankengut, vor allem im Westen Indonesiens.

913 Dieses Datum gibt die älteste auf Bali erhaltene Steinsäule im Pura Belanjong im Süden Sanurs an. Ihre Inschrift belegt bereits Reisanbau und Bewässerung.

Ende 10. Jh. Die Heirat des balinesischen Fürsten Udayana mit der javanischen Prinzessin Mahendradatta verbindet die sich bis dahin politisch getrennt entwickelnden Inseln Bali und Java. Bali öffnet sich nun den

Eines der berühmtesten Zeugnisse bronzezeitlichen Kunstschaffens auf Bali: die filigranen Gesichter auf dem ›Mond von Pejeng‹

hinduistischen Einflüssen aus Java.

1019–42 König Airlangga, Sohn von Udayana und Mahendradatta, regiert ein vereintes balinesisch-javanisches Königreich, das kulturell und wirtschaftlich erblüht. In der Architektur der zu dieser Zeit entstandenen Anlage Gunung Kawi sind die Einflüsse beider Inseln nachvollziehbar.

Mitte 11. Jh. Auf Airlanggas Tod folgt ein politisches Chaos, aus dem Bali als unabhängiges Reich hervorgeht.

12. Jh. Im Süden Balis entsteht das Reich von Pejeng-Bedulu (bis Ende 13. Jh.). Sein Zentrum liegt in der Nähe des heutigen Ubud.

1284 Der ostjavanische Singhasari-König Kertanegara erobert ganz Bali, kann die Insel aber nicht halten.

1292 Bali ist wieder selbstständig.

13./14. Jh. Arabische und indische Händler vermitteln erste Kontakte mit dem Islam, die vor allem im Norden Indonesiens schnell aufgenommen werden.

1343 Die neuerliche javanische Eroberung Balis unter Gajah Mada, dem Premierminister der javanischen Majapahit-Dynastie, verläuft erfolgreicher. Bali wird Teil des ersten archipelumfassenden indonesischen Reiches. Gelgel (nahe dem heutigen Klungkung) wird bis zum Ende des 14. Jh. Hauptstadt des Dewa Agung, des ›Königs von Bali‹.

um 1330–90 Blütezeit des Majapahit-Reiches.

Ende 14. Jh. Unter dem zunehmenden Einfluss des Islam zerfällt das Königreich der Majapahit in mehrere Sultanate. Das balinesische

Reich von Gelgel hat Bestand und dehnt seinen Einfluss unter Dalem Batur Enggong ostwärts – auch auf Lombok – aus.

1478 Viele Hindus und Buddhisten fliehen vor dem Islam nach Bali. Unter den Flüchtlingen befindet sich auch der javanische Hindupriester Danghyang Nirartha (auch: Pedanda Sakti Bau Rau). Ihm wird großer Einfluss auf die Entwicklung der balinesischen Religion sowie die Gründung der Tempel Uluwatu und Tanah Lot zugeschrieben.

Europäische Einflussnahme und Kolonialzeit

1509 Portugiesische Handelsreisende erreichen auf der Suche nach Gewürzen erstmals indonesische Küsten.

ca. 1520 Der islamische Herrscher von Demak zerstört das einst so mächtige Majapahit-Reich. Der letzte Majapahit-Prinz flieht mit seinem Hofstaat und vielen Künstlern nach Bali. Unter dem Titel Dewa Agung begründet er in Gelgel eine eigene Dynastie und bewahrt das hinduistische Erbe. In seiner Tradition untersteht Bali für das nächste Jahrhundert einer strengen Zentralregierung, die ihren Sitz zunächst in Gelgel hat. Bali nimmt kulturell-religiös jene Gestalt an, die sich bis heute erhalten hat.

1522 Die Portugiesen kontrollieren von ihrem Stützpunkt auf den Molukken aus ihr Gewürzhandels-Monopol.

1597 Zum ersten Mal landen die Holländer unter Kapitän Cornelius Houtman an der Küste Balis.

Mit mächtigen Segelschiffen landete die niederländische ›Vereinigte Ostindische Compagnie‹ zu Beginn des 17. Jh. an den Küsten Balis

1602 Die Niederländer wollen das portugiesische Monopol brechen und gründen zum Zweck des Gewürzhandels die ›Vereinigte Ostindische Compagnie‹ (VOC).

1619 Als Umschlaghafen gründet die VOC auf Java die Stadt Batavia, das spätere Jakarta. Der VOC gelingt es, die Portugiesen ganz aus Indonesien zu verdrängen und den gesamten Norden unter ihren Einfluss zu bringen.

1651 Das balinesische Reich des Dewa Agung zerfällt, und aus seinen Trümmern geht rund ein Dutzend eigenständiger, miteinander konkurrierender Fürstentümer hervor. Der Titel Dewa Agung bleibt erhalten und bezeichnet fortan den ranghöchsten der balinesischen Rajas.

17./18. Jh. Der südbalinesische Raja von Karangasem herrscht für einige Zeit auch über Lombok.

1710 Das Fürstentum von Gelgel verlegt aus religiösen Gründen den Regierungssitz nach Klungkung.

1720 Auf Lombok versucht Prinz Anak Agung Made Karang von Singasari vergeblich, durch den Bau des Pura Meru im heutigen Cakranegara die kleinen hin-

duistischen Reiche im Westen der Insel zu einen.

1799 Die niederländische Regierung übernimmt die bankrotte VOC mit all ihren Besitzungen.

1811 Den Briten fällt als Folge der Napoleonischen Kriege Niederländisch-Ostindien (in etwa das heutige Indonesien) zu.

1816 Der britische Ostindien-Gouverneur Thomas Stamford Raffles fügt sich vertraglichen Vereinbarungen und übergibt die ›ostindischen‹ Länder erneut den Niederländern.

1825 Prinz Diponegoro führt auf Java einen erfolglosen Volksaufstand gegen die Holländer.

ab 1830 Auf der Suche nach Land und Gewürzen richten die Holländer ihr Interesse auch auf die südlicheren Inseln des indonesischen Archipels. Gleichzeitig führen sie in den von ihnen kontrollierten Gebieten den Zwangsanbau von Exportprodukten wie Kaffee und Tee ein. Der traditionelle Reisanbau wird vernachlässigt. In der Folge kommt es zu furchtbaren Hungersnöten.

1846 Die Niederländer nehmen den Streit um ein in Buleleng gestrandetes Schiff zum Vorwand, den Norden

Balis um die Hafenstadt Singaraja zu erobern und unter ihre Verwaltung zu stellen. Sie versuchen, auch die südlichen Fürstentümer in ihre Gewalt, mindestens aber unter ihren Einfluss zu bringen.

1894 In Lombok unterstützen die Niederländer einen Aufstand der im Osten lebenden einheimischen Sasak gegen die vor allem im Westen der Insel ansässigen Balinesen. Nach anfänglichen militärischen Erfolgen endet die balinesische Regentschaft über Lombok mit dem Fall Cakranegaras. Der Kronprinz stirbt, der alte Raja wird nach Batavia (Jakarta) ins Exil geschickt.

1900 Die verfeindeten balinesischen Fürstenhäuser versäumen es, sich gegen die Holländer zusammenzuschließen. Der Raja von Gianyar bittet die Kolonialherren um Schutz.

1901 Bis heute letzter Ausbruch des Gunung Rinjani auf Lombok.

1906 Erneut bietet die Bergung eines gestrandeten Schiffes – auf Bali gilt damals Strandrecht – den Holländern den Anlass, das Königreich von Badung im Süden Balis mit Kriegsschiffen und Marineinfanterie anzugreifen. Gegen die waffentech-

Nach außen demonstrieren sie noch Macht und Pracht, die jedoch 1938 bereits längst erloschen sind: die letzten Rajas von Bali

nisch überlegenen Europäer haben die Balinesen keine Chance. Der Raja von Badung aber will sich dem Unrecht und der Schmach nicht beugen und geht mit seinem Gefolge und Hunderten Untertanen den Holländern entgegen. Sie ziehen den Puputan, die rituelle Selbsttötung, der Schande und der Unfreiheit vor.

1906–14 Die Holländer erobern ganz Bali. Weitere Fürstenhäuser, so 1908 das von Klungkung, begehen

Mit ihrem Buch ›Liebe und Tod auf Bali‹ machte Vicki Baum (1888–1960) Anfang der 30er-Jahre des 20. Jh. die Insel literarisch bekannt

Puputan, die Rajas von Gianyar und Karangasem hingegen unterwerfen sich den Invasoren.

1920 In Deutschland erscheint das Buch ›Die Insel Bali‹ von Georg Krause. Er hatte 1912–14 als Mediziner in Bangli gearbeitet, und seine Fotografien von Bali und seinen Bewohnern erwecken großes Interesse im Westen.

ab 1920 Europäische und US-amerikanische Intellektuelle entdecken balinesische Kultur und Kunst. Künstler wie die Maler Walter Spies und Rudolf Bonnet, der Musiker Colin McPhee oder die Schriftstellerin Vicki Baum besuchen die Insel und lassen sich z. T. auch hier nieder. Ihre begeisterten Berichte machen Bali weltweit bekannt.

Unabhängigkeit Indonesiens

1927 Raden Ahmed Sukarno gründet die ›Partai Nasional Indonesia‹ (PNI) mit dem Ziel, Indonesien aus der kolonialen Abhängigkeit zu führen.

1927 Als erstes Hotel der Insel wird in Denpasar das ›Bali Hotel‹ eröffnet.

1932 Der deutschstämmige Künstler Walter Spies zieht nach Iseh (zwischen Klungkung und Besakih).

1936 K'tut Tantri (Vannine Walker) und Robert Koke gründen das erste Hotel am Strand von Kuta, das ›Kuta Beach Hotel‹.

1942 Die Japaner erobern im Zweiten Weltkrieg Niederländisch-Ostindien.

15. August 1945 Japan kapituliert.

17. August 1945 Sukarno ruft die Unabhängigkeit der Republik Indonesien aus.

1945–49 Indonesischer Unabhängigkeitskrieg: Die Niederlande erkennen die Autonomie nicht an und bekämpfen das junge Indonesien.

20. November 1946 In der Schlacht von Marga auf Bali fallen der indonesische Unabhängigkeitsheld I Gusti Ngurah Rai und 94 seiner Anhänger.

1949 Nach der Intervention der Vereinten Nationen verzichten die Niederlande in der Konferenz von Den Haag auf Gebietsansprüche in Indonesien. Der junge Staat ist damit offiziell unabhängig.

17. August 1950 Offizielle Gründung der ›Republik Indonesia‹. Sukarno wird zum ersten Präsidenten gewählt.

17. März 1963 Beim bisher letzten Ausbruch des Vulkans Gunung Agung auf Bali werden mehrere Dörfer zerstört und etwa 2000 Menschen getötet. Die Region um Tulamben zeigt noch heute Spuren der gewaltigen Naturkatastrophe.

30. September 1965 Militärputsch unter General Hadji Mohamed Suharto, angeblich, um einem kommunistischen Staatsstreich zuvorzukommen. Es folgen – auch auf Bali und Lombok – blutige ›Kommunistenverfolgungen‹, die bis zu 200 000 Menschen das Leben kosten.

1968 Der Volkskongress wählt Suharto zum Staatspräsidenten, eine Wahl, die sich 1973, 1978, 1983, 1988 und 1993 wiederholt. Suharto öffnet und stärkt sein Land wirtschaftlich.

ab 1970 Zunehmend entdecken westliche Touristen Bali als Urlaubsinsel. Zum Schutz der einheimischen Kultur werden Touristenzentren gefördert: Sanur und Nusa Dua im Süden, Lovina im Norden und Candi Dasa im Osten.

ab 1980 Die feinen Sandstrände des dünn besiedelten Lombok werden langsam für den Tourismus erschlossen.

1993 Das kleine Bali ist beliebter denn je und erlebt einen jährlichen Ansturm von 900 000 ausländischen Besuchern.

1997 Kuta im Süden Lomboks öffnet sich dem Tourismus.

1998 Die massive Unzufriedenheit der indonesischen Bevölkerung mit dem regierenden Suharto-Clan bricht sich gewaltsam Bahn. Am 21. Mai tritt Präsident Suharto zurück.

1999 Aus den Wahlen geht Abdurrahman Wahid als Präsident hervor.

2001 Der umstrittene Wahid wird seines Amtes enthoben; ihm folgt die bisherige Vizepräsidentin Megawati Sukarnoputri, die Tochter des Staatsgründers Sukarno.

2002 Am 12. Oktober explodiert im gut besuchten Sari Club und der benachbarten Paddy's Bar in Kuta eine Bombe und tötet 202 Menschen, zumeist australische und europäische Touristen. Der anti-westliche Anschlag entsetzt und verunsichert Urlauber ebenso wie Balinesen. Die Besucherzahlen auf Bali und Lombok brechen dramatisch ein.

2004 Bei den Parlamentswahlen in Indonesien gewinnt überraschend die Golkar-Partei. Bei der darauffolgenden Präsidentschaftswahl wird erstmals das Staatsoberhaupt direkt gewählt; dabei setzt sich Susilo Bambang Yudhoyono durch. – Balis Tourismus erholt sich langsam wieder von den Terroranschlägen des Vorjahres, 2004 haben wieder 1,5 Mio. Gäste die ›Insel der Götter‹ besucht. Lombok leidet dagegen nachhaltig unter dem Ausbleiben von Touristen.

2005 Am 1. Oktober explodieren erneut Bomben auf Bali, fast zeitgleich in Jimbaran Bay und in Kuta. Dabei kommen 26 Menschen ums Leben, rund 122 werden verletzt. Schockiert, aber auch zornig reagieren Balinesen auf diesen neuerlichen Ausbruch von Gewalt auf ihrer lange Zeit so friedlichen Insel. Zwar reisen nur wenige ausländische Gäste ab, doch sinkt die Zahl der Neuankömmlinge auf Bali abermals spürbar. – Von der verheerenden Flutwelle (Tsunami), die im Dezember weite Teile des asiatisch-pazifischen Raums heimsucht, bleiben die Küsten Balis und Lomboks verschont.

2006 Eine Reihe von balinesischen Kulturfestivals findet zunehmend auch über die Insel hinaus Anerkennung, etwa das jährlich im September bzw. Oktober stattfindende Ubud Writers & Readers Festival für Autoren und Literaturfreunde.

Präsident Ahmed Sukarno (1901–1970) führte Indonesien nach dem Zweiten Weltkrieg in die Unabhängigkeit

Seit 2004 leitet Susilo Bambang Yudhoyono (vorne) als erster direkt gewählter Präsident die Geschicke Indonesiens ▷

Der Tempel aller Tempel auf Bali –
die gewaltige Anlage von Besakih vor den
Abhängen des heiligen Gunung Agung.

Unterwegs

Bali – Insel der Götter

Reis ist das Hauptnahrungsmittel der Balinesen und Reisfelder bestimmen das Bild der Insel

Vielfältig und zauberhaft ist Bali. Die westlichste der Kleinen Sunda-Inseln gilt als **Traumziel** im indonesischen Archipel. Das 5501 km² große Bali meistert den Ansturm souverän. Die meisten der rund 3,1 Mio. Einwohner Balis freuen sich über das Interesse an ihrer herrlichen Insel und haben sich allen Fremdeinflüssen zum Trotz ihre offene, freundliche Kultur und ihr Lächeln bewahrt.

Dazu trägt sicher auch der **Hinduismus** bei, der sich in Indonesien einzig auf Bali als Volksreligion erhalten hat. Die Insel ist übersät mit Tempeln und Götterfiguren, und allenthalben sieht man die mehrmals täglich dargebrachten Opfergaben: Reis und leuchtend bunte Blüten in Körbchen aus Palm- oder Bananenblättern. Farbenprächtige **Tempelfeste** und exotisch anmutende Prozessionen prägen noch heute das tägliche Bild. Die großen Zeremonien etwa im Muttertempel Besakih gehören zum Schönsten, was man in Südostasien als Besucher miterleben kann. Allerdings können sich Erholungsuchende auch mit einem ruhigen Aufenthalt an einem von Balis wunderschönen **Sandstränden** zufriedengeben. Verlockend genug sind sowohl die mit feinem weißen Muschelgries bedeckten Ufer von Nusa Dua, Sanur oder Kuta im Süden als auch die schwarzen Vulkanstrände von Lovina oder Pemuteran im Norden. Die Gewässer des Indischen Ozeans laden zu jeglicher Art von **Wassersport** ein: Surfen vor Tanah Lot und Legian, Tauchen und Schnorcheln vor Tulamben oder um Pulau Menjangan.

Auch zu Land gibt es mehr als genug zu unternehmen! Wie leicht lässt sich ein Tempelbesuch verbinden mit Reiten, Mountainbiking, River Raften oder Bungee-Springen. Ganz Sportliche können sich an der Besteigung eines der vier großen **Vulkanmassive** auf Bali versuchen. Die höchste Herausforderung in dieser Hinsicht stellt im Osten der noch aktive, den Balinesen als heilig geltende Gunung Agung mit seinen 3142 m Gipfelhöhe dar. Oder wie wäre es mit einer weniger anstrengenden Wanderung in den Wäldern um Ubud, dem künstlerischen Herzen der Insel, oder um die Dörfer Bedugul oder Kintamani im dicht bewaldeten, seenreichen Zentrum Balis?

◁ *Farbenprächtige Masken und Dämonen allenthalben –*
hier ein Garuda – tragen zur exotischen Faszination der Insel bei

Der Süden – paradiesische Badefreuden

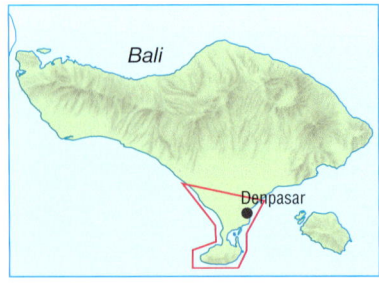

Die großen touristischen Zentren Balis liegen nicht weit von der Inselhauptstadt **Denpasar** und dem dortigen Internationalen Flughafen: **Sanur** im Osten, mit seinem schmalen feinen Sandstrand und dem vorgelagerten Riff. Oder im Westen die lebhaften Zwillingsstädte **Kuta** und **Legian**, die für Strand, Surfen und Nachtleben bekannt sind. Zwar herrscht auch am Meerestempel **Tanah Lot** geschäftiger Trubel, doch ist trotz der zahlreichen Besucher die Atmosphäre an diesem heiligen Ort würdevoll und zumindest eine Stippvisite wert.

Den Abschluss im äußersten Süden bildet die trockene Halbinsel Bukit Badung. Auch sie kann bei **Jimbaran, Tanjung Benoa** und um das Resort **Nusa Dua** mit wunderschönen Palmenstränden aufwarten. Als Kontrastprogramm lohnt sich ein Besuch des abenteuerlich gelegenen Meerestempels **Uluwatu**, der gut mit einem Surfausflug an die Südwestküste verbunden werden kann.

1 Kuta, Legian, Seminyak

Herrlicher Sandstrand für Sonnenanbeter, attraktive Brandung für Surfer.

Kuta und Legian – diese Namen sind auf Bali Inbegriffe für Nachtleben und Amüsement jeder Art. Nach wie vor bzw. wieder, muss man sagen, denn am 12. Oktober 2002 zerstörte ein verheerender *Bombenanschlag* vor einer Diskothek und einer Bar in Kuta die Illusionen einer heilen Urlaubswelt jenseits der internationalen Politik. Seitdem ›weint Bali‹ – auch die Balinesen waren erschüttert über diesen blutigen Ausbruch antiwestlicher Gewalt. Nach wie vor legen Einheimische und Touristen am Ort des schrecklichen Geschehens vor einem kleinen Altar Blumen und Opfergaben nieder.

Doch das Leben geht weiter, muss weiter gehen. Tatsächlich herrscht in den Straßen Kutas mittlerweile wieder lärmender Trubel. Und nach wie vor locken entlang des gesamten hiesigen Küstenabschnitts die herrlich weiten weißen **Sandstrände** sowie meterhohe Wellen, die Surfer aus aller Welt begeistern. Beim Baden sollte man allerdings vorsichtig sein und die farbigen Hinweisflaggen der Wasserwacht beachten: Grün – Schwimmen erlaubt, Gelb – Baden auf eigene Gefahr möglich, Rot – Gefahr!

TOP TIPP

Die Entwicklung Kutas zum ›Weltdorf‹ begann Anfang der 1930er-Jahre mit einigen einfachen *Losmen* am Strand, heute reihen sich hier Hotels aller Preisklassen aneinander. Das der Einfachheit halber meist ›Kuta‹ genannte Häusermeer erstreckt sich von Tuban beim Flughafen im Süden über Kuta und Legian bis nach Seminyak und Basangkasa im Norden. Dabei kommt **Kuta** mit seinen zahlreichen Cafés, Bars und Diskotheken die Rolle des ›Vergnügungsviertels‹ zu. **Legian** steht dem nur wenig nach. **Seminyak** ist dagegen als gediegen und ruhig be-

Die Restaurants in den Touristenzentren des Südens lassen keine Wünsche offen

Tagsüber zum Surfen, abends in die Disco – ›Kuta Cowboys‹ sind für ihren Spaß an der Freude berühmt-berüchtigt

kannt, zudem kann man hier in zahlreichen Restaurants sehr gut essen.

Einkaufen wird in Kuta groß geschrieben. Vor allem die parallel zum Strand verlaufende Hauptverkehrsader, die je nach Ortsteil **Jalan Kuta Raya**, **Jalan Legian Raya** oder **Jalan Seminyak Raya** heißt, ist ein wahres Shopping-Paradies für Schmuck, Kleidung, Kunst, Nippes …

TOP TIPP

Der zentrale Platz in Kutas Süden ist in der Jl. Bakung Sari der zweireihige Kunstmarkt **Pasar Seni Desa Adat Kuta** (tgl. 8–20 Uhr) zwischen Strand und Dorftempel. Er wurde im August 1994 eingeweiht und bietet wie das benachbarte Nobelkaufhaus Matahari alles, was das Touristenherz begehrt – echte Kunst wird man hier freilich nur selten finden. Einige hundert Meter südlich liegt der **Waterbom Park** (Jl. Kartika Plaza, tgl. 10–21 Uhr). Nicht nur Kinder haben ihren Spaß in dem ausgedehnten Schwimm- und Freizeitpark mit den gigantischen Wasserrutschen. Und ganz Wagemutige können sich bei einem Bungee-Sprung erproben.

ℹ Praktische Hinweise

Information

Badung Tourist Office, Jl. Raya Kuta 2, Kuta, Tel. 03 61/75 61 75; Außenstelle neben Rettungsschwimmer am Strand der Jl. Pantai Kuta, Kuta, Tel. 03 61/75 56 60

Nachtleben

Bounty Ship I, Jl. Legian Kelod, Kuta, Tel. 03 61/75 25 29. Wie ein Schiff gebaut; unten tagsüber Restaurant, ›auf Deck‹ geht nachts der Punk ab. 24-h-Betrieb.

Hard Rock Café, Jl. Pantai, Kuta, Tel. 03 61/75 56 61, tgl. 11–2 Uhr. V. a. bei Youngstern beliebter Klassiker, komplett mit T-Shirt; ab 23 Uhr tgl. Live-Bands. So– Do bis 2, Fr/Sa bis 3 Uhr.

Double Six 66, am Strand am Ende der Jl. Arjuna, Legian, Tel. 03 61/73 11 44. Beliebt und entsprechend viel besuchte Disco; Freiluft-Dancefloor. Sa nacht mit Bungee-Springen. Tgl. 11– 6 Uhr.

Hotels

*****Ramada Bintang Bali Resort, Jl. Dewi Sartika (früher Jl. Kartika Plaza), Tuban, Tel. 03 61/75 32 92, Fax 03 61/75 32 88, www.bintang-bali-hotel. com. Hochkarätiges Hotel am Übergang von Tuban/ Kuta. 401 Zimmer, 3 Bars, 3 Restaurants. Swimmingpool mit integrierter Bühne; aufgeschütteter eigener Sandstrand.

****LTI Patra Jasa Bali Resort & Villas, Jl. Ir. H. Juanda, Tuban, Tel. 03 61/75 11 61, Fax 03 61/75 20 30. Freundliches, ruhiges Luxushotel direkt am weißen Strand; flughafennah, daher günstig. 206 z. T. behindertengerechte Zimmer, 3 Bars, 2 Restaurants, familienfreundlich, Swimmingpool. Gratis Shuttlebus nach Kuta.

****Imperial Bali**, Jl. Dhyana Pura, Legian, Tel. 03 61/73 07 30, Fax 03 61/73 05 45. Leben wie einst die Rajas am ruhigeren nördlichen Strand von Legian, inmitten 4,5 ha gepflegter Gartenanlagen. 137 Zimmer, 2 Bars, 2 Restaurants; Thermalbad, 2 Swimmingpools, 1 Putting-Green (2 Löcher), Freilichtbühne.

***Intan Bali Village**, J. Petitenget, Seminyak, Tel. 03 61/73 07 77, Fax 03 61/73 07 78, www.intanhotels.com. Sehr hübsch inmitten von Reisfeldern nahe des Strandes von Batubelig, etwas nördlich von Legian gelegen. 146 Zimmer, 4 Bars, 2 Restaurants; u. a. Squash, Tennis, 3 Swimmingpools (einer innen), Kinderspielplatz.

***Legian Beach**, Jl. Melasti, Legian Kelod, Tel. 03 61/75 17 11, Fax 03 61/75 26 51, www.legianbeachbali.com. Angenehmes Komforthotel mit Gartenbungalows direkt am weißen Sandstrand von Legian. Bar, Restaurant, Swimmingpool, Freizeitangebote wie z. B. balinesischer Tanz, Kochen und Blumenarrangement.

***Sol Inn Legian**, Jl. Raya Legian 118, Kuta/Legian, Tel. 03 61/75 21 67, Fax 03 61/75 43 72. Angenehm ruhige Anlage, trotz der Nähe zur geschäftigen Hauptstraße. 120 Zimmer, 2 Bars, 2 Restaurants. Swimmingpool, Kinderbecken.

◈◈◈ **Adhi Dharma Hotel & Cottages**, Jl. Benesari, Kuta, Tel. 03 61/75 42 80 (Hotel), Tel. 03 61/75 15 27 (Cottages), www.adhidharmahotel.com. Nette Oase der Ruhe zwischen dem geschäftigen Strand und der umtriebigen Jl. Legian. 87 Zimmer, 37 Hütten, Bar, Restaurant, Swimmingpool.

◈◈ **Dewa Bharata Bungalows**, Jl. Legian, Kuta, Tel./Fax 03 61/75 17 64. Hübsches Stadthotel, etwas zurückgesetzt vom Strand. 45 Zimmer, Restaurant. Die Zimmer liegen in einem engen, aber schönen Garten mit kleinem Pool.

Restaurants

Antique, Jl. Dhyana Pura, Seminyak. Kleines, sehr feines Restaurant mit asiatischer Küche aus ganz Indonesien, aber auch Thailand oder Japan. Di–So abend.

Aromas of Bali, Jl. Raya Legian, Legian, Tel. 03 61/75 10 03. Gute vegetarische Küche; im Café leichte Snacks.

Kopi Pot, Jl. Legian, Kuta/Legian, Tel. 03 61/75 26 14. Vom Terrassengarten aus Passanten beobachten und sich europäische Küche samt ofenfrischen Nachspeisen schmecken lassen.

Made's Warung, Jl. Pantai, Kuta, Tel. 03 61/ 75 52 97. Eine Institution unter Expatriates und Touristen; teuer zwar, doch die Essenskreationen sind köstlich. Sa reichhaltige Rijstafel (Bestellung).

Mamas, Jl. Raya Legian, Kuta/Legian, Tel. 03 61/75 18 05. Deutsche Wurst- und Fleisch-Spezialitäten, genau das Richtige, wenn jemand im Urlaub Lust auf Hausmannskost verspürt.

Poppies, Poppies Lane, Kuta, Tel. 03 61/ 75 10 59. Eines der bekanntesten hiesigen Restaurants; indonesische und westliche Gerichte, speziell Fisch und Meeresfrüchte. Reservierung empfohlen.

Yanies Restaurant & Bar, Jl. Tunjung Mekar, Legian, Tel. 03 61/75 12 92 und 03 61/75 43 34, tgl. 11–4 Uhr. Australisches Essen, kaltes Bier.

Zula, Jl. Dhyana Pura 5, Seminyak. Vegetarische Köstlichkeiten zu moderaten Preisen.

2 Jimbaran

Friedlicher Sandstrand nur 5 km südlich des geschäftigen Kuta.

Ein km langer, heller **feinsandiger Strand** säumt die wunderschöne, weite Bucht südlich des Ngurah-Rai-Flughafens und die Fischerboote des Dorfes Jimbaran kreuzen malerisch auf dem Meer. Der Ort hebt sich angenehm vom lauten Trubel in Kuta oder Legian ab. Hier geht alles etwas langsamer und ruhiger zu. Unter den hochgewachsenen Palmen laden seit Mitte der 1990er-Jahre zunehmend gediegene Komfort- und Luxushotels zu Wellness und Erholung ein, dazwischen siedelten sich schnell zahlreiche Geschäfte und Restaurants an.

Die beschauliche Ruhe wurde jäh zerstört, als am 1. Oktober 2005 in Jimbaran eine **Bombe** explodierte und 22 Menschen, Einheimische wie Touristen, in den Tod riss. Wie drei Jahre zuvor in Kuta hatte auch dieser Anschlag einen antiwestlichen Hintergrund. Doch anders als damals überwiegt nun als Reaktion Wut die Ratlosigkeit, und es kam auch nicht zu dem befürchteten neuerlichen Einbruch der Gästezahlen auf Bali. Vielmehr blieben die ausländischen Besucher sowohl der Insel als auch Jimbaran treu. Zwar wurden die Sicherheitsvorkehrungen im öffentlichen Raum wie in den Hotels deutlich intensiviert, doch bleibt dies

Malerisch thront er hoch über dem Meer: der Tempel von Uluwatu im Abendlicht

von Touristen in der Regel unbemerkt. So sind die Tische der langen Reihe von Strandrestaurants und -warungs zwischen dem *Kedungang Fischmarkt* und *Nachtbasar* im Norden und dem Four Seasons Resort im Süden stets gut besetzt. Immerhin kommen Gäste aus ganz Bali hierher, um bevorzugt bei einem der grandiosen Sonnenuntergänge **Fisch, Hummer** und anderes **Seafood** zu genießen. Hier sucht sich der Gast sein Essen selbst aus, die frischen Köstlichkeiten des Meeres werden per Kilo berechnet und direkt über dem Kokosnussschalengrill zubereitet.

Überdies ist der Strand von Jimbaran für Balinesen ein magischer Ort für Opfer- und Reinigungszeremonien. Oft sieht man am Ufer lange farbenprächtige Prozessionen (*Melis* bzw. *Melasti*) zu Ehren von Baruna, dem Gott des Meeres.

ℹ️ Praktische Hinweise

Hotel

****Inter-Continental Resort Bali**, Jl. Uluwatu 45, Jimbaran, Tel. 03 61/70 18 88, Fax 03 61/70 17 77, www.bali.interconti. com. Stilvolles weitläufiges Luxushotel (425 Zimmer) im Stil eines balinesischen Fürstenpalastes. Wunderbarer Swimmingpool, angegliedertes Thermalbad.

***Hotel Keraton Jimbaran Resort**, Jl. Mrajapati, Jimbaran, Tel. 03 61/70 19 61, Fax 03 61/70 19 91, www.keratonjimbaran resort.com. 99 Cottages und Suiten in einem schönen Garten nahe des Dorfes. Tagungs- und Bankettmöglichkeiten.

Restaurants

Ayu Wandira, nahe des Fischmarkts am nördlichen Strandende, Jimbaran, Tel. 03 61/70 19 50. *Seafood Platter* oder *Seafood Lover's Delight* steht auf der Speisekarte, aber auch *Fritto Misto die Mare*, denn der japanische Besitzer kocht auch italienisch. AC Lounge im Obergeschoss.

Kakul Bar & Cafe, Jln. Bukit Permai 5C (im Süden des Strands), Jimbaran, Tel. 03 61/70 28 14. Snapper, King Prawns und was des Meeresfrüchte-Liebhabers Herz noch begehrt. Fr live Latin Music, So Jazz.

3 Pura Luhur Uluwatu

Beeindruckender Meerestempel in 150 m Höhe über schroffen Klippen.

Die Halbinsel Bukit Badung ist ein trockenes, primär landwirtschaftlich genutztes Gebiet. Hier wird seit Jahren am *Garuda Wisnu Culture Center* gebaut, dessen Wahrzeichen eine gigantische, 125 m hohe Steinstatue des mythischen Vogels

Mittler zwischen den Welten

Seit Menschengedenken gelten den Balinesen das Meer als Heimat der Dämonen und die Gipfel der Berge als Wohnstatt der Götter. Das Land dazwischen ist den Sterblichen überlassen. So wird es auch bleiben, solange sich die Menschen um Respekt, Ausgleich und Harmonie bemühen: innerhalb ihrer eigenen Gemeinschaft, viel mehr aber noch gegenüber den unsichtbaren Mächten, die in jeglicher Hinsicht ihr Leben bestimmen. Aus dieser Anschauung erklärt sich die ungeheure Menge von **Tempeln** und **Schreinen** auf ganz Bali. Stets gilt es, Götter und Ahnen zu ehren, Dämonen zu beschwichtigen, für Gutes zu danken und Übles im Zaum zu halten.

Schrein für Trimurti, die göttlichen Dreieinigkeit von Brahma, Wishnu und Shiva

Manche der balinesischen Tempel sind gemäß der Hindu-Dharma-Religion für das Gleichgewicht von Insel und Welt so wichtig, dass sie der Allgemeinheit gehören. Sie werden oft auch **Staatstempel** genannt, da die indonesische Regierung auf dem gesamten Archipel Religionsfreiheit gewährt. Wichtige religiöse Feiertage gelten für alle Indonesier/innen ungeachtet ihres Glaubens und große Heiligtümer sind ›Staatsbesitz‹. Auf Bali versteht man darunter die neun **Kahyangan jagat** oder Himmelsrichtungstempel. Der **Muttertempel Besakih** in der Mitte ist der wichtigste, die restlichen werden den vier Haupt- und den vier Zwischenhimmelsrichtungen (SO, SW, NO, NW) zugeordnet. Es sind dies: Pura Jagatnata in Denpasar für den Süden, Pura Kehen bei Bangli für den Osten, bei Lovina der Pura Pulaki Agung für den Norden und der Pura

Luhur Batukau für den Westen. Die restlichen vier sind Pura Luhur Uluwatu, Pura Taman Ayun, Pura Rambut Siwi sowie Pura Goa Lawah. Daneben werden sechs Tempel **Sad kahyangan** oder ›Heiligtümer der Welt‹ genannt, aber es lässt sich nicht genau ausmachen, welche die Balinesen darunter verstehen.

Neben der Vielzahl von privaten Tempeln, Geisterschreinen und als heilig geltenden Naturphänomenen verfügt jedes **Dorf** und jeder Kampung (Stadtteil) auf Bali über mindestens drei Tempel (Pura), die die tief empfundene religiöse Determination der Menschen widerspiegeln.

Der Brahma geweihte Dorftempel **Pura Desa** oder **Pura Bale Agung** befindet sich in der Regel im Ortszentrum. In Richtung zu den Bergen bzw. zum heiligen Gunung Agung hin (**Kaja**) ist der **Pura Pu-**

Garuda sein soll. Teile des Standbilds und Anlage sind bereits fertig, doch noch ist ungewiss, wann die Bauarbeiten letztendlich abgeschlossen sein werden.

Nicht weit davon liegt im äußersten Südwesten von Bukit Badung liegt der grandiose Uluwatu-Tempel. Er ist Dewi Danu, der Schutzgöttin des Meeres, geweiht und gehört zu den neun wichtigsten Tempeln bzw. ›Staatstempeln‹ [s. S. 24] Balis. Der Sage nach handelt es sich um das zu Stein gewordene Schiff der Göttin. Andere erzählen, an dieser Stelle hätte 1478 der hl. Nirartha [s. S. 12] eine Erleuchtung gehabt und daraufhin den

Tempel erbaut. Tatsächlich reichen seine Ursprünge wohl ins 11. Jh. zurück.

Die gute, aber vielfach gewundene Anfahrtsstraße führt durch Maniok- und Tapiokapflanzungen. Auf der ausgesprochen kargen Halbinsel wird auch Viehzucht betrieben und Kalkstein abgebaut.

Die Größe des von Verkaufs- und Erfrischungsständen umgebenen Parkplatzes vor Uluwatu lässt auf die Bedeutung des Tempels schließen. Am Eintrittshäuschen kann man Schärpen ausleihen, denen man beim Zurückgeben eine Spende beifügt. Auf dem **Tempelgelände** führt der Fußweg erst ca. 500 m zwischen seh für Wishnu errichtet. Der **Pura Dalem** schließlich, der Unterwelt- oder Totentempel, befindet sich auf der dem Meer zugewandten Seite **(Kelod)** des Dorfes und repräsentiert die Sphäre Shivas. Alle drei Tempel bilden zusammen eine Einheit, die für **Trimurti** steht, den einen Gott in seinen drei Manifestationen als Brahma, der Schöpfer (rot, Feuer), Wishnu, der Erhalter (schwarz, Wasser), und Shiva, der Zerstörer (gelb oder weiß, Wind).

Auch die drei **Höfe** jedes Tempels sind symbolhaft zu verstehen. Der äußere, **Jaba**, mit der Küche gehört noch zur Welt der Menschen, der mittlere, **Jaba jero**, dient der Vermittlung zwischen Menschen und spiritueller Welt, der innere, **Jero dalem**, ist der Ort Gottes.

Desgleichen erfüllen die allgegenwärtigen **Tore** mehr als bloße Schmuckfunktionen. Das Gespaltene Tor, **Candi Bentar**, steht für den Dualismus allen Seins bzw. nach anderer Lesart für das Männliche und Weibliche. Ein oben geschlossenes Tor, **Candi Kuning**, hingegen verkörpert die Einheit und Allgegenwart Gottes. Die zahlreichen Stufen und die hohen Schwellen an jedem Eingang verwehren bösen Geistern und Dämonen den Zutritt.

Die vielen **Fest- und Feiertage** auszurichten ist ehrenvolle und überaus wichtige Aufgabe der gesamten Dorfgemeinschaft. Namentlich zu den **Odalan**-Zeremonien, einer Art Patronatsfeier jedes Tempels, kommt es auch im kleinsten Weiler zu den farbenprächtigsten Prozessionen mit Orchesterbzw. Gamelanmusik und hoch aufgetürmten Opfergaben.

ten. Doch der Aufstieg lohnt sich schon allein wegen der fantastischen **Aussicht** auf die Klippen im Süden und Norden. Tief unten brandet das Meer, und der ständig wehende Wind bringt angenehme Erfrischung.

Angesichts des ungestümen Ozeans nimmt es nicht wunder, dass in direkter Nachbarschaft zu Uluwatu hervorragende **Surfreviere** liegen, etwa vor Bingin, Babuan Said oder Nyangnyang, die allerdings nur erfahrenen Sportlern zu empfehlen sind. Vor *Suluban* werden jedes Frühjahr internationale Surfwettbewerbe ausgetragen.

4 Nusa Dua

Hotelstadt der Luxusklasse in der sonnigsten Region Balis.

Die Halbinsel Bukit Badung ist das regenärmste und wärmste Gebiet Balis. Dazu kommen die feinen, fast weißen Sandstrände und das in den 70er-Jahren des 20. Jh. noch billige Land. Alle diese Gründe bewogen die Regierung, hier das Luxusresort Nusa Dua anzusiedeln. Es sollte helfen, den Tourismus zu kanalisieren und auf bestimmte Punkte der Insel zu konzentrieren. Die Umsetzung dieser Pläne gelang nur bedingt, wiewohl Nusa Dua mit seinen umgebenden Mauern und dem nicht öffentlich zugänglichen Strand sehr abgeschottet ist.

In Nusa Dua weist das Gespaltene Tor den Weg nicht zu göttlichen, sondern sehr weltlichen Freuden: zu Hotels der Luxusklasse

sanften Hügeln abwärts, dann steht man auf dem zentralen Platz zu Füßen des Tempels. An den hier niedergelegten Opfergaben tun sich die im hinduistischen Bali als heilig verehrten Affen gütlich. Über die steinerne Treppe geht es 85 Stufen steil nach oben. Etwa auf halbem Weg weist ein Schild auf einen Aussichtsbalkon hin. Man kann aber auch weiter nach oben zum eigentlichen Tempel steigen. Er liegt auf der äußersten Klippenspitze hoch über dem Meer. Die mit Schreinen versehenen Vorhöfe stehen allen offen, den inneren Bereich mit den *Meruh* dürfen ›Ungläubige‹ nicht betre-

Drei steinerne Gespaltene Tore, wie man sie sonst in Tempelanlagen findet, führen auf das Gelände. In großzügigen Gärten liegen entlang des Strandes neun große, internationale **Hotels**, die durchweg fünf Sterne tragen. In der Mitte des Areals beheimatet die *Nusa Dua Shopping Galeria Kawasan Wisata* (tgl. 9–23 Uhr) ein ›Art Center‹ sowie Geschäfte und Restaurants. Ein kostenloser Shuttle-Service verbindet die Hotels mit dem Einkaufszentrum. Es lohnt sich, mit diesem Zubringerdienst einige der Hotels zu besuchen, um die großzügige Architektur der Häuser und Gärten zu bewundern.

Am südlichen Ende des Geländes liegt der weitläufige und sehr gepflegte **18-Loch-Golfplatz** des Bali Golf & Country Club (Tel. 03 61/77 17 91, www.baligolfand countryclub.com).

Im Osten, zwischen Meliá Bali Sol und Grand Hyatt, ragen zwei kleine, allgemein zugängliche Halbinseln ins Meer. Ihre vulkanischen Klippen sind von bizarrer

Reif für die Insel? In den Hotels von Nusa Dua ist man auf Urlaubsträume eingestellt

Schönheit, vor allem abends, wenn die anbrandende Flut die Gischt bis zu den Beobachtern hochspritzen lässt.

ℹ Praktische Hinweise

Hotels

Die Hotels von Nusa Dua sind 4- und 5-Sterne-Häuser, deren internationaler Standard alle Ansprüche erfüllt.

TOP TIPP *****Meliá Bali Sol**, Kawasan BTDC Lot 1, Nusa Dua, Tel. 03 61/77 15 10, Fax 03 61/77 13 60, www. melia bali.com. Hochkarätiges Luxushotel mit allem Komfort. 388 Zimmer, 3 Bars, 3 Restaurants. In dem großzügigen Park liegen die Villen des noch exklusiveren Gran Meliá Village Club. Umfangreiches Sport- und Freizeitangebot, Einkaufsarkaden, Freilichtbühne.

*****Sheraton Laguna**, Kawasan BTDC Lot 2, Nusa Dua, Tel. 03 61/77 13 27, Fax 03 61/77 13 26. Strandresort mit 276 Zimmern, ausgedehnte Pool-Landschaft, vielseitige Sportangebote.

Restaurants

Viele ›Galeria‹-Restaurants bieten in Nusa Dua einen kostenlosen Shuttle-Service.

Kura-kura Bali, Nusa Dua, Tel 03 61/77 32 78. Steaks, wie sie sein sollten, italienische Pasta, indonesisches Seafood.

Makuwa Pakunwa, Galeria, Nusa Dua, Tel. 03 61/ 77 22 52. Frische Meeresfrüchte vom Allerfeinsten.

Miyabi, Galeria, Nusa Dua, Tel. 03 61/ 77 36 25. Hervorragendes Sushi und andere japanische sowie chinesische Köstlichkeiten.

Sendok, Galeria, Nusa Dua, Tel. 03 61/ 77 28 50. Spezialität sind deutsche und Schweizer Gerichte.

Vor den Toren des Hotelgeländes finden sich einfachere Restaurants, z. B.

Udang Mas, vor dem Haupttor, Nusa Dua, Tel. 03 61/77 14 03, tgl. 8–22 Uhr. Pizza und Pasta sollte man hier ignorieren, dafür frische Meeresfrüchte probieren oder das köstliche Sate Ayam, Spießchen mit Hühnerfleisch in Erdnusssoße.

5 Tanjung Benoa

Weißer Sandstrand und ein Paradies für Paraglider.

Im Norden geht der Strand von Nusa Dua in den von Tanjung Benoa über, eine schmale lang gezogene Halbinsel, die über ihre gesamte Länge von einer einzigen Straße, der Jalan Pertama, erschlossen wird. Zwischen der Bebauung zu beiden Seiten kann man schon mal ein Reisfeld sehen. Der feine Sand leuchtet am

Kleiner Knigge für Touristen

Der höfliche Umgang miteinander ist in ganz Indonesien, besonders aber auf Bali enorm wichtig. Laute, aggressiv und heftig reagierende Menschen werden nicht respektiert, verlieren in den Augen der Balinesen ihr Gesicht. Im Falle einer Unstimmigkeit ist es besser, einen **Kompromiss** zu schließen oder lächelnd auf seinen Wünschen zu bestehen, als ihnen durch Lautstärke Nachdruck zu verleihen. Seien Sie rücksichtsvoll und behandeln Sie besonders ältere Menschen mit ausgesuchter Höflichkeit.

Häufig werden Gäste auf Bali oder im Westen Lomboks hinduistische **Tempel** besuchen. Saubere, ordentliche **Kleidung** – auch für Kinder – ist ein Muss. Lange Hosen und wenn möglich ein langärmliges Hemd sind angemessen, auch ein **Sarung** ist für Männer wie für Frauen gleichermaßen in Ordnung. Bade- oder Strandbekleidung, Shorts und rücken- oder bauchfreie Shirts sind keinesfalls akzeptabel. Frauen ist der Zugang während ihrer Menstruation sowie bis zu 42 Tage nach einer Geburt untersagt, ebenso Menschen mit offenen Wunden und Betrunkenen.

Vor dem Betreten eines **Pura** sollte man als Zeichen der Ehrerbietung eine **Schärpe** um die Hüften anlegen, die meist gegen eine geringe Gebühr vor den Tempeltoren verliehen wird. Ein wie ein Gürtel getragener Sarung erfüllt notfalls denselben Zweck. Will man im eigentlichen ›Allerheiligsten‹ beten, zieht man vorher die Schuhe aus. (Dasselbe gilt übrigens für das Betreten einer Moschee, was aber auf Lombok nicht gern gesehen wird bzw. für Nicht-Muslime von vornherein untersagt ist.)

Es gilt als ausgesprochen unhöflich, vor betenden Menschen vorbeizugehen. Auch beachte man die **Opfergaben** auf der Straße und vermeide es, darauf zu treten. Dass die vielen Hunde die Gaben fressen, wird hingenommen. Schließlich leben in den Tieren oft böse Geister und Dämonen.

Besucher sollten auch im Alltag darauf achten, möglichst die **rechte Hand** zu benutzen – vor allem, wenn sie etwas geben oder empfangen. Die linke Hand gilt als unrein, da sie auf Bali der Körpersäuberung dient.

Auffälliges, raumgreifendes **Gestikulieren** sollte man vermeiden; auch nicht mit dem ausgestreckten Zeigefinger oder mit den Zehenspitzen deuten, eher mit einer kurzen Bewegung des Kinns. Möchte man jemand durch Zeichen zu sich rufen, bewegt man die vier Finger der ausgestreckten rechten Hand nach unten zum Handballen hin.

Als Ausdruck der Missachtung wird es gedeutet, wenn man unbekannte Menschen berührt. Seien Sie daher auch bei Kindern zurückhaltend und streicheln Sie ihnen nicht über den Kopf. Apropos **Kinder**: Viele von ihnen sind dazu übergegangen, Fremde anzubetteln oder für ein Foto Geld zu verlangen. Unterstützen Sie keineswegs dieses Verhalten, das auch die meisten Eltern streng missbilligen. Ein bestimmtes ›Tidak‹, ›Nein‹, oder ›Kurang adat‹, ›Das gehört sich nicht‹, weist die Kleinen deutlich auf ihr ungebührliches Verhalten hin.

Ansonsten gilt es noch zu erwähnen, dass man vor Betreten eines **Wohnhauses** stets die Schuhe vor der Tür auszieht und draußen stehen lässt. Wenn man eingeladen ist, empfehlen sich Blumen oder Süßigkeiten als Gastgeschenk. Beim Essen oder Trinken sollte man erst nach ein- oder zweimaliger Aufforderung zugreifen.

Was das **Fotografieren** von Menschen allgemein anbelangt, so ist es immer höflicher, vorher zu fragen. Auf Bali wird man zum überwiegenden Teil freundlich und ohne Umschweife dazu eingeladen, ein Erinnerungsfoto zu schießen, die Balinesen haben sich längst an Urlauber mit Kameras gewöhnt. Eine Ausnahme sind badende Menschen, die man nicht fotografieren sollte.

Auf **Lombok** verhält es sich in Alltagssituationen oft anders: Die Menschen sagen nein oder wenden der Kamera ablehnend den Rücken zu. Das ist nicht etwa unfreundlich oder gar brüskierend gemeint. Sie wollen nur nicht in ihrer Arbeitskleidung, verschmutzt oder verschwitzt abgelichtet werden. Bei einem Fest dagegen oder wenn sich die Leute eigens für einen Fototermin herausgeputzt haben, stehen sie gerne Modell.

Für viele der Inbegriff von Urlaub: die hellen, feinsandigen, sanft geschwungenen Strände in Balis Süden

Strand von Tanjung Benoa ebenso weiß wie in Nusa Dua, doch die Hotels sind vielfältiger hinsichtlich Komfort und Preis. Auch hier kann man hervorragend **Wassersport** betreiben: Scuba Diving, Jet Skiing sowie vor allem Parasailing und -gliding. Von oben kann man bis Denpasar sehen, und die Hafenanlagen von Benoa Harbour liegen einem im Nordosten zu Füßen.

ℹ Praktische Hinweise

Hotels

*******Grand Mirage Bali Resort**, Jl. Pratama 74, Tanjung Benoa, Tel. 03 61/77 18 88, Fax 03 61/77 21 48, www.grandmirage. com. Luxuriöses Sport- und Fitnesshotel am Strand mit vielfältigem Wassersportangebot und Wasserkuren. 312 Zimmer, 4 Bars, 4 Restaurants. Angegliedert ist das **Thalasso Bali**, ein modernes Erholungsbad mit erholsamen und medizinischen Anwendungen.

✿✿✿ **Airlang Beach**, Jl. Pratama, Tanjung Benoa, Tel. 03 61/77 46 50, Fax 03 61/77 46 52. Kleines, feines Bungalow-Hotel direkt am Strand, mit Swimmingpool und Karaoke-Lounge; beliebt bei japanischen Gästen.

Restaurant

Rai, Tanjung Benoa, Tel. 03 61/77 12 77, tgl. 8–23 Uhr. Spezialität sind frische Meeresfrüchte, auch ausgezeichnete *Rijstafel*. Unterhaltung neben dem Essen: Mi Legong-Tanz, Sa Barong- und Affentanz.

6 Sanur

Gelungene Mischung aus 6 km langem weißem Strand, touristischem Angebot und dörflichem Ambiente.

Sanur ist ideal, wenn man seinen Urlaub nicht so mondän wie in Nusa Dua, aber auch nicht so umtriebig wie in Kuta verbringen möchte.

Der Ort erfreut durch einen schönen, wenn auch vergleichsweise schmalen Sandstrand. Es ist der einzige der Insel, den man auf seiner gesamten Länge von 6 km auf einer **Strandpromenade** aus roten Klinkerziegeln entlang wandern kann. Sie ist zwar nur rund 1 m breit, aber es ist nichtsdestotrotz sehr angenehm, unter den Palmen entlangzuschlendern, Urlaubern am Strand oder im flachen, sanften Wasser zuzuschauen und sich ab und zu in einem der angrenzenden Gartencafés eine Erfrischung zu gönnen.

Noch in den 1930er-Jahren war Sanur ein kleines, von der Priesterkaste bestimmtes Fischerdorf. Als die ersten Touristen kamen, ließen *Losmen*, Restaurants und Hotels nicht lange auf sich warten. 1965/66 errichteten Japaner als Kriegsentschädigung am nördlichen Strandende das **Bali Beach Hotel**. Der Anblick des zehnstöckigen Betonquaders bewog weiland die Regierung zu dem Gesetz, dass auf Bali kein Bauwerk höher als eine Kokospalme sein darf. Bei einer Baumhöhe von ca. 15 m lässt dies immer noch genügend baulichen Spielraum und bewahrt doch das Bild des grünen Bali.

Heute ist der 6 km lange **Strand** von Sanur durchgehend gesäumt von größeren und kleineren Hotelanlagen. Der Zugang zu Meer und Strand ist frei, so dass sich keine abgeschirmte Touristenenklave wie in Nusa Dua bildete. Dazu trägt auch das gewachsene *Dorfgefüge* bei, das nach wie vor existiert. Zwar ist Sanur von der Größe her kein Dorf mehr, es ist vielmehr im Westen bereits mit Denpasar zusammengewachsen. Aber noch immer haben Angehörige der Priesterklasse das Sagen. Die Menschen fühlen sich miteinander verbunden und daran mag es auch liegen, dass außerhalb Sanurs weiterhin hartnäckig behauptet wird, hier würde Schwarze Magie betrieben. Touristen kümmert dies wohl weniger. Das vorgelagerte **Korallenriff** eignet sich hervorragend, um erste Schritte im Tauchen, Schnorcheln oder Surfen zu unternehmen. Bei Flut ist das Wasser innerhalb des Riffs herrlich ruhig, keine gefährliche Strömung beeinträchtigt den Badegenuss, Wellenbrecher beruhigen die See zusätzlich. Abends wird es besonders stimmungsvoll, wenn am Ufer bunte fantasievolle Drachen aufsteigen.

Am Nordende des Strandes liegt in der Jalan Hang Tuah in einem schattigen Garten das **Museum Le Mayeur** (So–Do 8–15, Fr 8–12.30 Uhr). Die einst berühmte Legong-Tänzerin Ni Polok, 1985 verstorbene Witwe des belgischen Malers Jean Adrien Le Mayeur de Merprés (1880–1958), vermachte ihr Haus mit balinesischen Antiquitäten und Bildern ihres Mannes der indonesischen Regierung.

ℹ Praktische Hinweise

Hotels

TOP TIPP *****Bali Hyatt**, Jl. Danau Tamblingan, Sanur, Tel. 03 61/28 12 34, Fax 03 61/28 76 93, bali.resort.hyatt.com. Hervorragendes Luxushotel direkt am zentralen Strandabschnitt. 389 Zimmer, dazu Club Rooms, Suiten und Villas. 4 Bars, 4 Restaurants. 14,5 ha großer Garten (!), Kinder-Club, reiches Sportangebot (inkl. Golfplatz), 2 Swimmingpools (einer mit Nachbildung des Eingangs zur Goa-Gajah-Höhle), Einkaufsarkaden.

****Sanur Beach**, Jl. Danau Tamblingan, Sanur, Tel. 03 61/28 80 11, Fax 03 61/28 75 66, http://sanurbeach.aerowisata.com. Traditionsreiches Nobelhotel am

Freunde von Krimskrams, Nippes und Souvenirs haben in Sanur die Qual der Wahl

Auf dem Trockenen wirken die Fischerboote, die Jungkung, wie riesige bunte Insekten

südlichen Strandende, leider in etwas kastenförmige Architektur. 2 Bars, 3 Restaurants, Swimmingpool, Wassersport. Freundlicher, aufmerksamer Service.

********Inna Grand Bali Beach Hotel**, Sanur, Tel. 03 61/28 85 11, Fax 28 79 17, www.grand-balibeach.com. Berühmtes zehnstöckiges Luxushotel am nördlichen Sanur-Strand, erweitert um eine Bungalowanlage im traditionellen Stil. 574 Zimmer, 3 Bars, 4 Restaurants. Billard, Bowling, Minigolf, Pool.

***Puri Santrian, Jl. Danau Tamblingan 63, Sanur, Tel. 03 61/28 80 09, Fax 03 61/ 28 71 01, www.santrian.com. Mittelgroßes, freundliches Hotel am südlichen Ende des Strandes. 2 Bars, Restaurant, Wassersport. Im üppigen tropischen Garten werden Hochzeiten perfekt organisiert.

⊛⊛⊛ **Ari Putri**, Jl. Danau Tamblingan, Sanur, Tel. 03 61/28 91 88, Fax 03 61/ 28 91 90. Kleineres Stadthotel an der strandabgewandten Seite der Hauptstraße. 41 Zimmer, Swimmingpool, Bar, Restaurant. Hübsch anzusehen durch üppige Steinmetzarbeiten und geschwungenes Pagodendach.

Restaurants

Café Batujimbar, Jl. Danau Tamblingan 152, Sanur, Tel. 03 61/28 73 74. Frische Vollwertkost, auch vegetarisch, sowie indonesische und europäische Küche. Das hübsche Essgeschirr kann man in der angegliederten Töpferei kaufen.

Mamma Lucia, Jl. Danau Tamblingan 156, Sanur, Tel. 03 61/28 95 73. Wem es als Abwechslung zum täglichen Reis nach Pizza und Pasta gelüstet, der wird hier bestens bedient.

TOP TIPP **Telaga Naga**, Jl. Danau Tamblingan (gegenüber Bali Hyatt), Sanur, Tel. 03 61/28 82 71. Beeindruckende balinesisch-chinesische Architektur. In offenen *Bales* am Lotos-Teich speist man hervorragend (wenngleich teuer).

7 Serangan

›Schildkröteninsel‹ zwischen Sanur und dem Hafen von Benoa.

Ihren Namen erhielt die ›Turtle Island‹ nach den großen **Meeresschildkröten**, die noch vor nicht allzulanger Zeit die hiesigen Sandstränden zur Eiablage nutzten. Früher wurden die bedächtigen Tiere dabei oft gefangen, heute sind sie vom Aussterben bedroht und daher geschützt. Der Erfolg ist allerdings fraglich, denn mittlerweile sind aufgrund von Landgewinnungsmaßnahmen um die Insel viele ihrer Strände verschwunden. Und setzte man früher mit einem *Jungkung* – einem der bunt bemalten Fischerboote, die hier als Wassertaxis fungieren

– von Sanur-Belanjong aus über, führt seit 1997 eine Stelzenbrücke auf das Inselchen. Sie entstand im Rahmen eines umstrittenen, gigantischen Hotelprojekts auf Pulau Serangang, das derzeit ruht.

Ein- bis zweimal im Jahr ist das 96 ha große Eiland geradezu überlaufen, wenn am zweiten Tag von *Kuningan* Gläubige im **Pura Sakenan** an der Nordspitze opfern. Ansonsten ist der Meerestempel aber wenig spektakulär, auch wenn die *Prasada*, die schreinähnlichen Steinsetzungen, auf Bali selten sind.

8 Denpasar

Die geschäftige Inselhauptstadt steht auf geschichtsträchtigem Boden.

Der erste Eindruck von Denpasar ist oft wenig einladend. Es ist heiß und stickig in der Stadt, die Straßen sind eng und scheinen überzuquellen von Autos und knatternden, qualmenden Motorrollern. Trotzdem sollte man sich die Zeit nehmen, die Metropole, in deren Großraum rund 370 000 Menschen leben, mit ihren bunten Märkten und dem kulturellen Angebot zu erkunden. Immerhin wandelt man hier auf historischem Boden, denn das früher **Badung** genannte Denpasar war jahrhundertelang Mittelpunkt eines großen Fürstentums. Inselhauptstadt ist es jedoch erst seit 1946.

Ein guter Orientierungspunkt ist der zentrale **Tempat Puputan** ❶. Seit 1972 wacht markant an der nordwestlich des Platzes gelegenen Kreuzung die Götterstatue **Catur Muka** des Bhatara Guru über den Straßenverkehr.

Die weite, sorgfältig gepflegte Grünfläche *Alun-alun Puputan* des Puputan-Platzes wird von einem Denkmal in Form einer stilisierten Lotosblüte dominiert. Darauf recken die Figuren eines Vaters und seiner beiden Kinder entschlossen Speer und *Kris* gen Himmel. Dies ist die Stelle, an der 1906 Raja Agung Made von Badung mit seinem Hofstaat *Puputan*, rituellen Selbstmord, beging, um so der verhassten holländischen Fremdherrschaft zu entgehen [s. S. 14].

An der östlichen Seite des Platzes liegt an der Jl. Mayor Wisnu das völkerkundliche **Bali-Museum** ❷ (So –Do 8–15, Fr 8–13 Uhr). Der Bau, der auf balinesische Palast- und Tempelelemente zurückgreift, wurde 1910–25 errichtet. Im Vorhof bieten sich Führer durch die vier überschaubaren Ausstellungsgebäude an – ihre Erläuterungen können aufschlussreich sein, denn leider sind nicht alle Exponate mit englischen Beschriftungen versehen. Die z. T. einstöckigen Hallen liegen nebeneinander in eigenen Höfen, die durch schmale Durchgänge verbunden sind. Ausstellungsstücke aus der prähistorischen Zeit Balis werden präsentiert, zu Weberei und

TOP TIPP

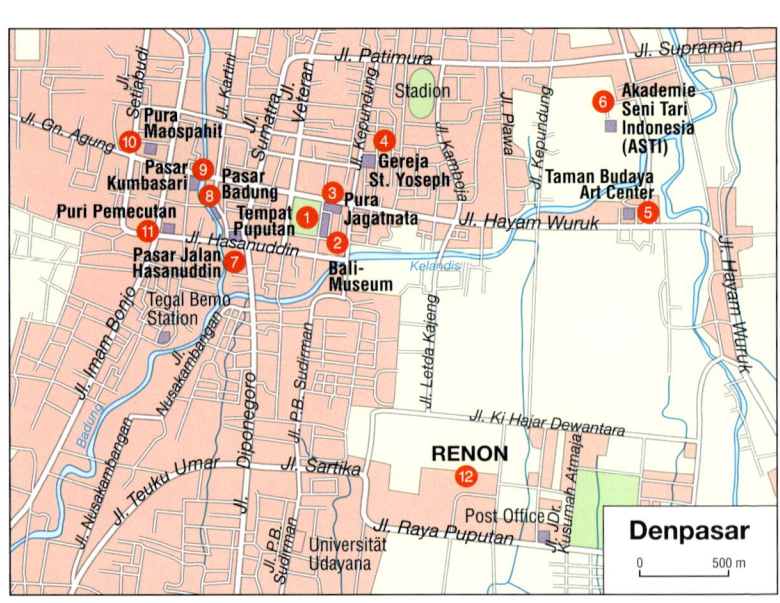

Hornissenschwärmen gleich sausen ganze Pulks von Mofas und Motorrädern durch die Straßen von Denpasar

Ikat sowie – in den beiden letzten Hallen – zu religiösen Zeremonien und rituellen Tänzen mit Masken, Kostümen, Waffen und *Wayang*-Puppen. Das Museum ist klein, ein Rundgang dauert nicht lange, ist aber als Einführung in die balinesische Kultur sehr zu empfehlen.

Gleich daneben, an der Nordseite des Museums, liegt **Pura Jagatnata** ❸, einer der neun Staatstempel Balis [s. S. 24]. Umgeben von einem Fischteich und einer reich verzierten inneren Mauer, überragt der fünfstufige, goldbelegte Götterthron (*Padmasana*) für Ida Batara Sanghyang Widhi Wasa [s. S. 35] das Gelände. Hier lässt sich der Gott nieder, etwa wenn er an den alle zwei Wochen stattfindenden Tempelfesten zu Voll- und Neumond anwesend ist. Dann bringen abends ab 18 Uhr zahlreiche festlich gekleidete Gläubige ihre Opfergaben. Respektvolle Besucher sind ebenfalls willkommen, auch zu den Puppenspielvorführungen (*Wayang kulit*) von 21 bis ca. 23 Uhr. Eine Gabe – Blumen oder Geld – ist angebracht und wird erwartet.

Nur wenig stadtauswärts, am städtischen Touristenbüro in der Jl. Suprapati vorbei, liegt in der links abzweigenden Jl. Kepundung 2 die **Gereja St. Yoseph** ❹, die katholische St.-Joseph-Kirche. Der kleine rote Ziegelbau ist außen mit Steinreliefs verziert, die in balinesischem Stil christliche Themen darstellen. Auch das

Innere des Kirchleins zeigt eine interessante Synthese aus christlichen Motiven und balinesischer Gestaltungsform. Den Altar flankieren leuchtend safranfarbene Baldachine. Wenig Aufsehen erregend sind die modernen Buntglasfenster mit den Symbolen der vier Evangelisten. Anders das Bild im angedeuteten rechten Seitenschiff: Es zeigt eine Muttergottes mit balinesischen Gesichtszügen und Je-

Das Denkmal auf dem Alun-alun Puputan in Denpasar erinnert an eines der dramatischsten Ereignisse balinesischer Geschichte

Einblicke in balinesische Kunst und Kultur bietet das Bali-Museum in Denpasar

(tgl. 8–15 Uhr). Es ist eine Freude, in dem hübsch angelegten Garten im Schatten der hoch aufragenden Bäume spazierenzugehen, sogar wenn man sich nicht für das in den üppig verzierten Gebäuden ausgestellte Kunsthandwerk interessiert. Dabei sind die Schnitzereien, Silberarbeiten und Batiken sehr sehenswert. Seit 1979 findet jährlich Mitte Juni – Mitte Juli auf dem Gelände das **Bali Art Festival** (www.baliartsfestival.com) statt. Auf der Freilichtbühne wird dann jeden Abend klassischer balinesischer Tanz aufgeführt [s. S.132 f.].

Zum Festival trägt stets auch die unweit nördlich vom Taman Budaya gelegene nationale **Akademie Seni Tari Indonesia (ASTI)** ❻ ihren Teil bei. Die Tanzakademie wurde 1967 zum Studium einheimischer Tänze sowie zur Ausbildung von Tänzerinnen und Tänzern gegründet. Lehrpersonal und Studierende freuen sich über Interesse, und oft kann man auf höfliche Anfrage einer Klasse beim Üben zuschauen.

TOP TIPP Wieder zurück im Stadtzentrum, lohnt der Markt **Pasar Jalan Hasanuddin** ❼ einen Besuch. Neben allerlei kaum zu ertragenden Gerüchen duftet es doch meist schwer und süß nach reifen Früchten oder aromatisch nach exotischen Gewürzen. Zum Fluss Tukad Badung hin liegt das zugehörige Marktgebäude des **Pasar Badung** ❽. Man sieht es dem dreistöckigen Beton-

suskind auf der Mondsichel, im Hintergrund vermitteln übereinandergetürmte Pagodendächer den Eindruck einer ausgedehnten Tempellandschaft.

Weitere 1,5 km außerhalb des Stadtzentrums liegt im Osten in der Jl. Nusa Indah das **Taman Budaya Art Center** ❺

Christliche Engel in balinesischer Demutshaltung – die Kirche St. Yoseph präsentiert ein wunderschönes Stilgemisch

Gott, Mensch und Umwelt im Gleichgewicht

Der traditionelle Gruß auf Bali – ›**Om Swasti Astu**‹ – wünscht Sicherheit und Gesundheit. Er wird mit ›**Om Canti Canti**‹ beantwortet, ›Friede, Friede‹. Beide Formeln werden vom Erheben der aneinandergelegten Handflächen begleitet, verbunden mit einem leichten Neigen des Kopfes. Diese rituelle Geste besagt: ›Ich verehre das Göttliche in dir‹.

Gut 95 % der Balinesen bekennen sich zur Hindu-Dharma-Religion. Sie ist ein einzigartiges Konglomerat aus Hinduismus, Buddhismus und Ahnenverehrung. Mit Hilfe von **Wedas**, heiligen Schriften, lehrt sie, wie Menschen zu Frieden gelangen können. Im täglichen Leben führt der Weg über moralische Verpflichtungen, die im **Susila** zusammengefasst sind und im Sinne von ›positivem Denken, Reden und Handeln‹ interpretiert werden. Diese Grundhaltung ist auch für die menschlichen Beziehungen zu Gott, zu anderen Menschen und zur Umwelt wichtig, wie sie das **Tri Hita Karana** umschreibt.

Die Religion ist untrennbar mit dem Leben der Balinesen verbunden. Sie bestimmt den Tagesablauf ebenso wie das ganze Leben von der Geburt bis zum Tod. Ausdruck dieser tief empfundenen Frömmigkeit sind nicht zuletzt tagtägliche Opfergaben (*Banten* oder *Sesajen*) sowie zahlreiche Prozessionen und Zeremonien (*Upcara*).

Jedoch darf man von den unzähligen Tempeln und Götternamen nicht die Vorstellung ableiten, es handle sich um Vielgötterei. Hindu-Dharma-Anhänger glauben vielmehr an den einen Gott **Ida Sanghyang Widhi Wasa**, der

Mit großer Hingabe und Ernsthaftigkeit leben die Balinesen ihre Religion

den Menschen meist in drei Ausprägungen (**Trimurti**) gegenübertritt: als Brahma, der Schöpfer, Wishnu, der Erhalter, und Shiva, der Zerstörer. Doch auch jede andere Lebensäußerung, jeder damit verbundene Gott, jede zugeordnete Göttin sind letztlich immer nur Manifestationen des einen Gottes.

Hindus glauben an die Reinkarnation, die **Wiedergeburt**, und begreifen das irdische Leben als sich ständig erneuernde Aufgabe. Wer den Regeln entsprechend gelebt hat und es verdient, wird schließlich als Mensch – und nicht etwa als Tier – wiedergeboren. Nur damit steht die Möglichkeit offen, nach dem Tod dem Kreislauf zu entrinnen und ins Nirwana zu gelangen.

---

klotz nicht an, dass er den ältesten und größten Markt Balis beherbergt. Im Erdgeschoss werden Fisch, Fleisch und lebende Kleintiere angeboten. In den beiden oberen Stockwerken kann man Kunsthandwerk und Textilien erstehen, dazu frische Früchte. Das Markttreiben beginnt spätabends, dauert dafür aber bis zum Morgengrauen.

Um dieselbe Zeit geht es auch auf dem gegenüberliegenden Flussufer lebhaft zu, wenn der ebenfalls sehr lebhafte und empfehlenswerte Kunsthandwerksmarkt **Pasar Kumbasari** ❾ seine Pforten öffnet.

Etwas weiter stadtauswärts nach Westen liegt in der Jalan Wahidin der **Pura Maospahit** ❿. Seine Ursprünge reichen bis in die Majapahit-Zeit zurück, und Teile des Tempels wurden wahrscheinlich im 16. Jh. aus Java eingeführt. Bewundernswert sind ungewöhnlich gearbeitete alte Tonfiguren, etwa die des mythischen Riesenvogels Garuda mit einem Fläschchen Lebenswasser in den Fängen.

Gen Süden befindet sich an der Ecke Jalan Hasanuddin und Jalan Thamrin mit dem **Puri Pemecutan** ⓫ eine originalgetreue Rekonstruktion der 1906 zerstörten Palastanlage der Fürsten von Badung. Im Empfangspavillon sind einige der wenigen erhaltenen Stücke aus der Ära der Rajas von Badung ausgestellt.

Im Vorort **Renon** ⑫ im Südosten von Denpasar findet man, von großzügigen Gärten umgeben, verschiedene Konsulate und Regierungsämter, unter anderem das *Bali Tourism Board* (BTB). Das Zentrum des Viertels bildet der riesige Platz *Lapangan Pututan Margarana*, auf dem in Form einer priesterlichen Glocke das *Bajra Sandhi* aufragt. Mit seinen 17 Ecken, 8 Eingängen und einer Höhe von 45 m erinnert das ›Gebäude des Kampfes des balinesischen Volkes‹ an den 17.8.1945, den Unabhängigkeitstag Indonesiens.

ℹ Praktische Hinweise

Information

Bali Tourist Office, Jl. Surapati 7 (nahe Pura Jagatnata), Denpasar, Tel. 03 61/23 45 69, Mo–Do 8–13.30 , Fr 8–13 Uhr

Flughafen

Ngurah Rai International Airport (DPS), 15 km südwestlich von Denpasar bzw. 5 km südlich von Tuban/Kuta. Tel. 03 61/75 10 11. Wer nicht vom Hotel abgeholt wird, kann eines der zahlreichen Taxis mieten. Sie fahren so gut wie jeden Ort der Insel an; es gelten Festpreise, die im Flughafengebäude angeschrieben sind.

Hotels

*****Natour's Bali Hotel**, Jl. Veteran 3, Denpasar, Tel. 03 61/22 56 81, Fax 03 61/23 53 47. Erstes auf Bali erbautes Hotel mit heute 71 Zimmern. Hier stiegen u. a. Charlie Chaplin und Vicki Baum ab.

***Taman Suci**, Jl. Imam Bonjol 45, Denpasar, Tel. 03 61/48 52 55, Fax 03 61/48 47 24, www.tamansuci.com. Zentral am Puputan-Platz gelegen, 45 Zimmer.

Restaurant

Rumah Makan Bety, Jl. Kartini (südlich des Pasar Jalan Hasanuddin), Denpasar. Einheimische Speisen, nach europäischem Geschmack zubereitet.

9 Pura Tanah Lot

 Wahre Besuchermassen zieht der zauberhafte Meerestempel an.

Zu Recht ist Pura Tanah Lot der wohl meistfotografierte Tempel Balis. Schon seine Lage auf einer kleinen Felsenspitze rund 50 m vor der schroffen Südwest-

◁ *Pura Tanah Lot ist der bei Urlaubern beliebteste Tempel Balis – selbst Besucherscharen können seiner Schönheit und romantischen Lage nichts anhaben*

pe links und (besser noch) rechts bequeme Pfade auf die Klippen. Es lohnt sich jedoch, wenn man die sehr profane Händlergasse passiert hat, hinter dem Kassenhäuschen am oberen Ende dieser Treppe erst einmal stehenzubleiben und von dem ersten Gespaltenen Tor aus den herrlichen Anblick des etwas tiefer liegenden Tempels und der bunten Besuchermenge in sich aufzunehmen. Unten angekommen, geht man bei Ebbe einfach 50 m weiter über vom Wasser rund geschliffene Steine und feinen dunklen Sand zu dem Felsen. Es ist nur ein kurzer Aufstieg zum eigentlichen Tempel, aber oben verwehrt ein wackeliges Bambusgatter den Eintritt ins Heiligtum. Angesichts der Touristenmassen eine ausgesprochen verständliche Maßnahme.

Ungewöhnlich ist die **Süßwasserquelle**, die in einer kleinen Höhle am Fuße des Tempelfelsens – sozusagen im Meer – entspringt. Sie gilt als heilig, und für eine kleine Gabe erlauben stets anwesende Priester, dass man sich mit dem kühlen Nass wäscht oder einen Schluck davon trinkt.

Gegenüber der Quelle öffnet sich in den Klippen des Festlandes eine weitere Höhle, **Ular Suci**. Sie ist die Heimat der *heiligen Schlangen*, die ebenfalls von Priestern betreut werden. Gegen ein geringes Entgelt können sich Besucher in den niedrigen Höhlenspalt zwängen, in dem ihnen ein Wächter die großen Reptilien zeigt, indem er mit einer Taschenlampe in eine Nische leuchtet. Besonders Wagemutige berühren die Schlangen sogar, obwohl sie giftig sind – aber es heißt, sie hätten noch nie ehrfurchtsvolle Besucher gebissen.

küste macht ihn unvergleichlich. ›Tanah Lot‹ heißt soviel wie ›Land im Meer‹; hier werden Meeresgeister und -gottheiten verehrt. Angeblich gründete der javanische Hindupriester Nirartha den Tempel im 16. Jh. als Meditationsstätte [s. S. 12]. Der Tempel ist nur bei Ebbe trockenen Fußes zu erreichen. Die Flut kommt schnell und schließt den einsamen Felsen völlig ein. Dann scheint der Tempel mit seinen spitzen *Meruh*-Dächern und den bunten, im Wind schlagenden *Umbul*-Fahnen vollends in eine andere, den Menschen unerreichbare Welt versetzt. Die Farben dieser Fahnen haben übrigens auf Bali ihre eigene Bedeutung: Weiß steht für Reinheit, Rot für Mut, Blau bedeutet Ruhm, Gelb Ewigkeit, Grün Frieden und Schwarz symbolisiert Macht.

Besonders beliebt bei Ausflüglern mit Sinn für Romantik sind *Sonnenuntergangstouren*, wenn hinter Tanah Lot der glühende Ball im Meer versinkt und die dunkle Silhouette des Tempels mit einer leuchtenden rot-goldenen Aura umgibt. Hunderte von Touristen – einheimische wie ausländische – warten jeden Abend darauf, dieses herrliche Naturschauspiel von den Klippen des Festlandes aus zu beobachten. Zu den besten **Aussichtsplätzen** führen am Fuß der Zugangstrep-

ℹ Praktische Hinweise

Hotel

Dewi Sinta, Taman Wisata Tanah Lot, Tel. 03 61/81 29 33, Fax 03 61/81 39 56. Wunderschöne, komfortable Bungalow-Anlage am Hang, nur einen Steinwurf von den spektakulären Klippen entfernt. 27 Zimmer und Villas, Swimmingpool. Wem das Hotel zu teuer ist, möchte vielleicht dem ebenfalls empfehlenswerte Hotelrestaurant einen Besuch abstatten.

Zentralbali – das künstlerische Herz

Unmittelbar nördlich von Denpasar beginnt das erst hügelige, dann bergige Kernland von Bali. Entlang der Täler zieht sich ein dichtes Netz von Dörfern, von denen einige geradezu berühmt sind für ihre ›Spezialitäten‹ – **Celuk** etwa als Zentrum der Gold- und Silberverarbeitung oder **Mas** als Schnitzerdorf. Doch keines ist so bekannt wie **Ubud**, Dreh- und Angelpunkt des inselweiten Kunstgeschehens. Neben der Gelegenheit, Malerei, Bildhauerei und Holzschnitzkunst hautnah mitzuerleben, bietet sich die Umgebung auch als hervorragendes Wandergebiet an – durch üppige Wälder und die friedlichen Reisterrassen, für die Bali so geliebt wird.

10 Tabanan

Idyllische Kleinstadt im Reisland.

Etwas verschlafen liegt Tabanan, die frühere Hauptstadt eines kleinen, untergeordneten Fürstentums, im Herzen des südbalinesischen Reisanbaugebiets. Ihre Bedeutung gewinnt sie als landwirtschaftliches **Zentrum** der Region. Sehr stolz ist Tabanan auf I Mario, einen in den 20er- und 30er-Jahren herausragenden Tänzer, dem auch das Theater **Gedung Marya** gewidmet ist, das – unregelmäßig – Tanzvorführungen bietet.

Etwa 1,5 km östlich von Tabanan, im etwas erhöht gelegenen Vorort Sanggulan,

widmet sich das interessante kleine **Museum Subak** (Mo–Do und Sa 8–16.30, Fr 8–13 Uhr, Jl. Raya Kediri, Tel. 03 61/81 03 15) ganz dem hiesigen Hauptnahrungsmittel Reis. *Subak* heißt die dorfübergreifende Arbeitsgemeinschaft, die auf Bali traditionell Aufgabenverteilung und Bewässerung im komplexen Nassreisbau übernimmt.

Ausflüge

Nur wenige Kilometer weiter lädt in **Tunjuk** die Dorfinitiative **Taman Sri Buwana** (tgl. 9.30–14.30 Uhr, 0361/742 59 29, www.balitreasureisland.com/sribuwana) ein, balinesisches Alltagsleben mitzuerleben, sei es beim Reisfeldpflügen mit dem Wasser-

Reisanbau ist – neben dem Tourismus – eine der Haupterwerbsquellen der Balinesen

Elegante Türme prägen die von einem Wassergraben umgebene Tempelanlage von Mengwi

büffelgespann, bei der Kokosnussernte oder in der kleinen Dorfschule – Besucher sind überall willkommen.

Westlich von Tabanan liegt auf halbem Weg zur Küste das Dorf **Krambitan**, in dem Nachfahren des letzten Rajas von Tabanan leben. Mit seinen historischen Gebäuden wirkt es wie aus einer anderen Zeit. Leider nicht öffentlich zugänglich sind die beiden Palastanlagen **Puri Anyar** (17. Jh.) und **Puri Gede** (18. Jh.). In Krambitan kann man mit etwas Glück auch einem **Tektekan-Tanz** beiwohnen, einem Trance-Tanz, mit dessen Hilfe böse Geister ausgetrieben werden.

11 Pura Luhur Batukau

 Zauberhafter Tempel inmitten des tropischen Bergwaldes.

Am einfachsten erreicht man den Pura Luhur Batukau an den Hängen des zweit-höchsten Vulkans Balis, des 2276 m hohen Gunung Batukau, von Süden aus.

Wieder führen unzählige Stufen zu dem in etwa 1000 m Höhe nördlich des Dorfes Wangaya Gede gelegenen **Bergheiligtum**. Der zentrale siebenstufige *Meruh* ist Maha Dewa geweiht, dem Schutzgott der Berge. Außerdem erfahren auch die drei Schreine für die Seen Bratan, Tamblingan und Buyan große Verehrung. Neben dem Tempel treten als heilig geltende **heiße Quellen** zutage. Der aufsteigende Dampf verstärkt noch den verwunschenen Eindruck, den das verwitterte Heiligtum inmitten der majestätisch-stillen, baumbestandenen Bergwelt macht.

Wenn man mit dem Auto unterwegs ist, sollte man unbedingt einen Abstecher nach Osten machen. Die vielfach gewundene Straße vom Pura Luhur Batukau nach Bedugul durchquert nach etwa 5 km (Luftlinie 1,5 km) das 850 m hoch gelegene Bergdorf **Jatiluwih**. Der Name bedeutet ›wirklich wundervoll‹, und genauso ist der **Blick** über die verschachtelten, kunstvoll angelegten Reisterrassen in die südbalinesische Ebene hinein.

Das Leben jedes Balinesen ist untrennbar mit Riten und religiösem Kult verbunden

Kreislauf des Lebens

Einen Platz in der balinesischen Gesellschaft einzunehmen bedeutet, eingebettet zu sein in ein ausbalanciertes Gefüge von Familie, Dorf und Obrigkeit, aber auch von Menschen, Göttern und Dämonen.

Gemäß der Hindu-Dharma-Religion ist das ganze menschliche Leben begleitet von einem stets wiederholenden Zirkel von Ritualen und Zeremonien, die sowohl dem einzelnen als auch der Gemeinschaft zugute kommen. Das beginnt schon vor der Geburt, wenn die werdende Mutter im dritten Schwangerschaftsmonat ein **Megedong-gedong** ausrichtet, um das werdende Kind in dieser Welt willkommen zu heißen und das Wohlwollen der Götter zu erbitten.

Drei Tage nach der Geburt findet im engeren Familienkreis das **Dank- und Opferfest Pengulapan** statt. Eine weitere kleine Feier, **Sorongan cenik**, wird abgehalten, wenn das Kind zwölf Tage alt ist, gefolgt von **Dapatan**, um das Alter von 42 Tagen zu feiern. Sehr wichtig ist die **Sorwan**-Zeremonie, die nach Ablauf von 105 Tagen im Leben eines Kindes ausgerichtet wird. Diese Zeitspanne entspricht nach dem balinesischen Kalender drei Monaten. Während der Feier werden in einem feierlichen Akt die Füße des oder der Kleinen zum ersten Mal auf die Erde gesetzt. Mit dieser Berührung ist das Kind nun endgültig ein Teil der menschlichen Gemeinschaft geworden. Auch der erste Geburtstag, gemäß balinesischer Rechnung nach 210 Tagen, wird mit dem aufwendig begangenen **Otonan** festlich gefeiert. Ab jetzt wird der kleine Mensch zu **Mejaya-jaya** angehalten, d. h. zu Gebeten am Hausschrein.

Am bekanntesten wurde in der westlichen Welt wohl die **Zahnfeilzeremonie Metatah**, der sich junge Erwachsene zu Beginn der Pubertät unterziehen sollten, wenn es sich die Familie finanziell leisten kann. Korrekterweise sollten die vier vorderen Schneide- und die beiden Eckzähne etwas geschliffen werden, aber heute feilt der Priester oft nur noch die Eckzähne symbolisch kurz an. Spitze Zähne werden auf Bali mit Dämonen und all ihren ungehemmten Lüsten und Trieben assoziiert. Beim Eintritt ins Erwachsenenalter wird den Jugendlichen durch das Zähnefeilen nahegelegt, Abstand zu ihren ›dämonischen‹ Seiten zu halten und sich statt dessen beherrscht, besonnen – kurz: menschlich – zu benehmen.

Nun ist der Weg für eine **Heirat** geebnet, die mit der sehr wichtigen und heiligen **Wiwaha-samshara-Zeremonie** begangen wird. Sie soll unter anderem ein erklärtes Ziel der Ehe sicherstellen, nämlich Kinder zu bekommen. In den Kindern werden die Vorfahren wiedergeboren und erhalten so die Möglichkeit, dem ewigen Kreislauf des Sterbens und Wiedergeborenwerdens letztlich doch noch zu entrinnen.

Dieser Glaube ist auch bestimmend für die letzte Zeremonie im Leben eines Menschen, die **Ngaben** genannte **Kremation** von Verstorbenen. Der Sarg mit dem Leichnam wird in einem Aufbau aus Bambus und Pappmaché feierlich durch die Straßen zum Verbrennungsplatz am Pura Dalem getragen. Familien, die es sich leisten können, gestalten diese Aufbauten in Form eines Wasserbüffels, **Lembu**, oder einer Tempelpyramide, **Wadah**. Geradezu spektakulär ist der Höhepunkt von Ngaben, wenn nach oft stundenlangen religiösen Riten und Ansprachen der Sarg samt Aufbau und vielerlei Opfergaben von den Flammen eines heiligen Feuers verzehrt wird. Nun ist die menschliche Seele bereit zur Wiedergeburt und damit zur möglichen Erlösung.

12 Mengwi

Staatstempel in einem Lotosteich.

TOP TIPP Aus gutem Grund trägt der **Pura Taman Ayun**, der ›Tempel des wunderschönen Gartens‹, seinen Namen. Die gesamte Anlage ist von einem breiten Wassergraben umgeben, dem die Lotosblätter mit ihren strahlend weiß-gelben Blüten besonderen Reiz verleihen. Wie ein Ring legt sich darum ein ausgedehnter, gepflegter Park. Der Tempel entstand 1634 unter I Gusti Agung Anom, als Mengwi noch einflussreiche Hauptstadt eines eigenständigen Fürstentums war. Mit der Unabhängigkeit war es 1891 vorbei, als Tabanan und Badung das relativ kleine Hoheitsgebiet von Mengwi unter sich aufteilten.

Geblieben ist der prächtige Pura Taman Ayun, ein wichtiger Ahnen- und Substitut-Tempel (d.h. ein Tempel, der als ›Ersatz‹ für den Muttertempel Besakih und für andere Schreine Gültigkeit besitzt). Rechts vom breiten, gepflasterten Zugang liegt eine offene Halle, Bale Wantilan, in der sich früher die Tempelwachen ausruhten und wo rituelle Hahnenkämpfe stattfanden. Gleich links hinter dem üppig mit Steinmetzarbeiten verzierten Gespaltenen Eingangstor kann man den *Kulkul*-Turm des Tempels besteigen. Mit der hölzernen Signaltrommel (*Kulkul*) übernimmt er eine ähnliche Funktion wie unser Glockenturm. Von oben ist der Park ringsum ebenso gut zu überschauen wie der baumumstandene innere Tempelbezirk.

Wie wichtig der Pura Taman Ayun ist, beweisen nicht zuletzt die zehn *Meruh*, vier davon mit elf Stufen. Der innerste Hof des Tempels ist Gläubigen vorbehalten, aber die Umfassungsmauer ist nur etwa brusthoch. An ihr entlang führt ein bequemer Plattenweg, so dass man einen guten Überblick über das in warmem Ziegelrot leuchtende Heiligtum gewinnt.

TOP TIPP Schräg gegenüber dem Pura Taman Ayun liegt das kleine **Museum Manusa Yadnya** (tgl. 8–14 Uhr, Tel. 03 61/97 50 74). Es ist der Dokumentation der *Übergangsriten* gewidmet, die im Leben jeder Balinesin und jedes Balinesen eine so wichtige Rolle spielen. Ein Besuch gibt wichtige Einblicke in die balinesische Kultur, obwohl nur Fotos und einige wenige Exponate in Geburts-, Dreimonats-, Namensgebungs-, Pubertäts- oder Zahnfeilzeremonien einführen.

Marga

Von Mengwi aus führt eine gute Straße nordwärts zum ca. 7 km entfernten Marga. Das Städtchen erlangte traurige Berühmtheit, als hier 1946 der indonesische Befehlshaber I Gusti Ngurah Rai mit seiner kleinen Truppe im Kampf gegen die übermächtigen Japaner völlig aufgerieben wurde. Die Balinesen verstehen die damaligen Ereignisse als *Puputan*, als Akt der rituellen Selbstaufgabe. Zur Erinnerung daran wurde ein Soldatenfriedhof mit mehr als 1300 *Stupas* aus schwarzem Lavastein errichtet, im Zentrum das ziegelrote Nationaldenkmal **Taman Pujaan Bangsa Margarana** (tgl. 7–16.30 Uhr). Ein kleines *Museum* erläutert die geschichtlichen Hintergründe des Kampfes.

13 Sangeh

Der prächtige Wald aus Muskatnussbäumen ist die Heimat unzähliger heiliger Affen.

Groß ist **Bukit Sari** nicht, der Hain aus hoch gewachsenen, auf Bali seltenen Muskatnussbäumen. Das Wäldchen erhebt sich abrupt aus der Ebene um Sangeh. In seiner Mitte liegt der kleine Tempelkomplex **Pura Bukit Sari** aus dem 17. Jh., mit seinen Steinmetzarbeiten und der Skulptur eines Garuda sehr schön anzuschauen.

Doch hauptsächlich kommen die Besucher wegen der grauer **Affen**, die hier zu Hunderten leben. Sie gelten den Balinesen als Nachfahren des mythischen Affenkönigs Hanoman und damit als heilig. Die Tiere sind es gewöhnt, gefüttert zu

Vor Menschen haben die heiligen Affen von Sangeh keinerlei Scheu

werden, und verhalten sich bei der Einforderung ihres Rechts wenig schüchtern. Nicht selten springen die Affen den Touristen auf die Schultern und entreißen ihnen die Tüten mit Nüssen (am Eingang zu kaufen). Auch glitzernde Gegenstände wie Brillen oder Kameras erwecken das Interesse der mitunter geradezu aggressiven Tiere. Achten Sie also stets auf Ihren Rücken, halten Sie die Kamera fest, und geben Sie im Zweifelsfall einem zornigen Affen alles, was er will. Mittlerweile haben sich einige junge Männer aus dem Heer der hier anwesenden fliegenden Händler darauf verlegt, den Affen ihren Raub wieder abzunehmen und den eigentlichen Besitzern gegen ein geringes Entgelt zurückzugeben.

14 Batubulan

Berühmt für geschickte Steinmetzen und ausdrucksstarke Tänze.

Das früher *Biaung* genannte Dorf, wenige Kilometer nordwestlich von Denpasar, ist auf der ganzen Insel bekannt für seine kunstfertigen *Steinmetzen*. So nimmt es auch nicht wunder, dass der heutige Name Batubulan übersetzt ›Steinmond‹ heißt. Auf beiden Seiten der Straße stehen fantasievolle Zeugnisse dieser Handwerkskunst: von kaum mehr als handspannenhohen geflügelten Garudafiguren bis hin zu überlebensgroßen keulenbewehrten Dämonenwächtern. Verarbeitet werden heller Sand- und dunkler Vulkanstein. Entsprechend reich ist auch der **Pura Puseh**, einige hundert Meter östlich der Hauptstraße, mit Steinschnitzereien versehen ist. In der nahen offenen **Dorfhalle** (*Bale desa*) von Batubulan findet täglich 9.30–10.30 Uhr ein Barong-Tanz und 18.30–20 Uhr ein Kecak-Tanz für Touristen und zum Üben statt.

Außerdem ist in Batubulan die **Indonesische Schauspielschule** (SMKI) und eine **Kunstakademie** (SESRI) angesiedelt. Die stimmungsvollen Schulgebäude in traditionellem Stil liegen sehr hübsch inmitten der Reisfelder.

◁ *Der geographische Mittelpunkt Balis ist auch das Zentrum von Kunst und Handwerk:*
Oben und rechts: *Batubulan ist berühmt für Tanzdarbietungen und Steinmetzkunst*
Links: *Silberschmiede in Celuk*
Unten: *In Blahbatuh werden Instrumente für Gamelanorchester angefertigt*

Singapadu

Im nahen Schwesterdorf Singapadu, das viele berühmte Tänzer hervorgebracht hat, lohnt der **Rimba Reptile Park** (tgl. 9–18 Uhr, Tel. 03 61/29 93 44) einen Besuch. Er zeigt u. a. Geckos, Tempelvipern, bis zu 8 m lange Pythons und einen riesengroßen Komodo-Waran.

Im benachbarten, etwas kleineren *Taman Burung*, dem **Bird Park** (tgl. 8–18 Uhr, Tel. 03 61/29 93 52. www.bali-bird-park.com) sind Aras, Loris, Beos und zahlreiche weitere Vögel von insgesamt 250 Arten zu sehen.

15 Celuk

Filigrane Feinarbeiten in Gold und Silber begründeten den Wohlstand des Dorfes.

Im Osten geht Batubulan beinahe nahtlos über in Celuk, das dörfliche Zentrum der **Gold- und Silberverarbeitung** Balis. An beinahe jedem Haus preist ein Schild ›Emas & Perak‹, ›Gold & Silber‹ an, und entlang der Hauptstraße reiht sich eine große Verkaufsausstellung an die andere. Neben Ringen, Reifen, Ohrringen und Ketten gibt es etwa Zigarettenspitzen, Broschen, Schüsseln, Haarspangen, Pfeifen, Kugelschreiber, Manschettenknöpfe, Krawattennadeln und – nicht zuletzt – Nabelschnurbehälter, die von Touristen aus dem Westen gern als Pillendöschen verwendet werden. Der Preis ist meist Verhandlungssache, man sollte jedoch die oft diffizile Arbeit nicht unterschätzen. In den angegliederten Werkstätten demonstrieren Mitarbeiter die Herstellung der feinen Silberarbeiten. Hier wird gehämmert und gelötet, getrieben und eingefasst. Meistens stellen jedoch Handwerker aus der Umgebung die Stücke in geduldiger Kleinarbeit zu Hause her.

Es ist erstaunlich, wie dieses Kunsthandwerk hier zu solcher Blüte gelangen konnte, denn die Rohmaterialien werden zum größten Teil importiert: Silber und Kupfer kommen aus Borneo, Gold wird aus Kalimantan eingeführt, Opale und andere Edelsteine aus Australien. Nur der Kleber, mit dem die winzigen Silberkügelchen appliziert werden, wird aus der einheimischen *Piling-piling*-Frucht gewonnen. Die fertigen Schmuckstücke werden abschließend mit Zitronensaft geputzt und mit Kupfersulfat oxydiert.

16 Kemenuh

*Dorf der Holzschnitzer und 28 m
hoher Wasserfall in lieblichem Tal.*

Etwa 6 km südlich von Ubud und keine
2 km westlich von Blahbatu liegt das
Dörfchen Kemenuh. Es gilt seit jeher als
Hochburg geschickter **Schnitzer**. Von der
Hauptstraße führt eine ausgeschilderte,
aber unauffällige Straße südwärts zu
dem auch *Srog Srogan* genann-
ten Wasserfall **Air Tegenunggan**.
Knappe 2 km geht es durch grüne
Reisfelder, die Berge im Hintergrund,
dann folgt ein kurzes Waldstück. Man
kann die wunderschöne Strecke auch
bequem zu Fuß zurücklegen. Bei einem
kleinen *Warung* ist die Straße plötzlich zu
Ende. Links öffnet sich durch die Bäume
der Blick auf einen Talkessel, in dem sich
der Fluss **Tegenung** als Wasserfall gut
30 m tief in einen beinahe kreisrunden
See ergießt. Die Aussicht ist hinreißend
schön und kann bei sanfter Gamelanmusik vom Band auf der Terrasse des Restaurants oberhalb des *Warung* am Rand
des Tales noch besser genossen werden.

Neben dem Restaurant betreibt der
Künstler I Made Sudama ein kleines **Ate-
lier**, in dem er seine farbenprächtigen
Malereien in balinesisch-naivem Stil ver-
kauft. Er ist der Sohn von I Patere, dessen
Bild ›Die Geschichte vom Affen und vom
Tiger‹ im völkerkundlichen Museum im
niederländischen Leiden zu sehen ist.

Zurück in Kemenuh weist an der bereits erwähnten Kreuzung ein Schild
nordwärts den Weg zu den Ferienhäu-
sern **Sua Bali**. Anliegen der Gründerin Ida
Ayu Agung Mas war es, Gäste in kleinen
Gruppen in das balinesische Dorfleben
einzubinden, z. B. mit Koch- oder Sprach-
kursen vor Ort. Das Projekt wurde als Bei-
spiel für umwelt- und kulturfreundlichen
Tourismus mehrfach preisgekrönt. Es wird
mittlerweile sehr gut besucht, worunter
mitunter der herzliche persönliche Kontakt der Anfangstage leidet.

ℹ Praktische Hinweise

Unterkunft

Sua Bali, Medahan, Kemenuh, Tel.
03 61/94 10 50, Fax 94 10 35, www.suabali.
co.id. Kleines Tourismus-Projekt
(8 Zimmer), das interessierten Gästen
balinesische Dorfkultur näher bringt.

17 Blahbatuh

*Wo balinesische Musiker Gongs und
Gamelaninstrumente fertigen lassen.*

Nördlich von Celuk werden die Landschaft deutlich hügeliger, die Straßen
schmäler und ihr Zustand schlechter.
Beim Dörfchen Sakah ist das Denkmal für
Sanghyang Rari unübersehbar, ein 8 m
hoher, über das ganze Gesicht lachender

*Faszinierend und eindringlich sind die Klänge eines Gamelanorchesters, das vorwiegend aus
Schlaginstrumenten besteht.*

Balinesische Malerei

Ursprünglich schöpfte die Malerei – wie jede andere Kunstform auf Bali – aus dem reichen Schatz religiöser und mythologischer Vorstellungen. So nimmt es nicht wunder, dass der alte **Wayang-Stil** das Erscheinungsbild der büffelledernen Schattenspielpuppen (*Wayang kulit*) aufgriff und Motive sozusagen als durchbrochene Silhouetten darstellte.

Zentrum dieser ehrwürdigen Kunst war und ist das Dorf **Kamasan** südlich von Klungkung. Anfang dieses Jahrhunderts war der Raja des Fürstentums von Klungkung als Kenner und Förderer der Künste bekannt. Gleichzeitig stand er auch westlichen Ideen aufgeschlossen gegenüber. So war z. B. der deutschstämmige Maler **Walter Spies** (1895–1942) gern gesehen, der sich 1927 in dem kleinen Bergort Ubud niederließ. Andere westliche Künstler/innen und Intellektuelle hatten ebenfalls um diese Zeit Bali als Quelle ihrer Inspiration entdeckt, der mexikanische Schriftsteller **Miguel Covarrubias** (1904 –1957) etwa, die österreichische Musikerin und Autorin **Vicki Baum** (1888– 1960) oder Spies' niederländischer Malerkollege **Rudolf Bonnet** (1895–1978).

Die balinesische Malerei verdankt Bonnet und Spies entscheidende neue Impulse durch bisher hier unbekannte Techniken und Materialien, was sich etwa in den späten Tuschearbeiten des großartigen **I Gusti Nyoman Lempad** (1862–1978) zeigt. 1936 gründeten diese drei mit anderen die Künstlervereini-

Moderne balinesische Malerei zwischen traditioneller und moderner Darstellung

gung **Pita Maha**. Mit den neu entdeckten Möglichkeiten beispielsweise von Wasser- und Ölfarbe ging auch eine Erweiterung der Themenwahl und eine größere Vielfalt in den Formaten einher.

Heute kann man in den Galerien in und um Ubud von zarten, realistischen Naturdarstellungen bis zu knallbunten, ›naiv‹ gehaltenen Abbildungen bungeespringender Touristen in Acryl alles sehen – und kaufen–, was das Leben auf Bali täglich so überreich zu bieten hat. Und nach wie vor ist Ubud die Wahlheimat zahlreicher ausländischer Künstler wie etwa des Niederländers **Arie Smit**, der die ›Vereinigung junger Künstler‹ in Penestanan bei Campuan anregte, oder des exzentrischen, auf den Philippinen geborenen Selbstdarstellers **Antonio Blanco** (1927–1999), der sich selbst so gern als ›balinesischen Dalí‹ bezeichnete.

Brahma Lelare – in Gestalt eines wohlgenährten, nackten Baby. Auf dieser Route nach Gianyar lohnt sich ein Halt in dem kleinen Ort Blahbatuh. Er gilt als das Zentrum der einheimischen Musikinstrumentenfertigung. Hier werden nach alter Tradition die besten **Gongs** und die klangvollsten **Gamelaninstrumente** ausschließlich in Handarbeit hergestellt.

Die auf- und abschwellenden Klänge von Gamelanorchestern kann man auf Bali immer und überall hören. Jedes Dorf verfügt über ein **Gamelan** – so wird die gesamte Gruppe von Musikern vereinheitlichend genannt. Es kann aus vier oder aber 40 Männern bestehen, wobei einer immer gleich mehrere Instrumente spielt. Die Musik, die auf ganz anderen

metrischen und tonalen Gesetzen als die europäische basiert, klingt fremd und faszinierend, sie hat etwas Magisches, Beschwörendes. Musiziert wird nicht zum Selbstzweck, sondern immer als Begleitung: zu Schattenspielen, Tänzen oder Tempelfesten. Das balinesische Gamelan besteht hauptsächlich aus Schlaginstrumenten – Xylophonen, Metallophonen, Trommeln und Gongs in verschiedenen Größen und Stimmungen –, die in komplizierten Techniken hergestellt werden.

Hinter den Mauern vieler Gehöfte von Blahbatuh erklingen die schweren Hämmer der Schmiede, die die eisernen Rohlinge bearbeiten. Gleich daneben werden Klangkörper aus gelbem *Nangka*-Holz geschnitzt und sorgfältig bemalt.

Wenn man ohne Führer kommt, könnte es allerdings schwierig sein, eine offene Werkstatt zu finden, denn die Gonghersteller sind (noch) nicht auf westliche Besucher eingestellt.

In jedem Fall kann man am östlichen Ortsrand den **Pura Puseh** (auch Pura Gaduh) besichtigen. Der Tempel wurde nach einem Erdbeben 1917 wieder aufgebaut, wie zuvor zu Ehren des sagenhaften Riesen *Kebo Iwo*. Die Legende berichtet, er habe in einer einzigen Nacht die *Candis* des Gunung Kawi [Nr. 24] sowie anderer Heiligtümer aus dem Fels gekratzt. Groß genug mag er gewesen sein, wie das meterhohe steinerne Riesenhaupt vermuten lässt, das im Pura Puseh Blahbatuh zu sehen ist und das möglicherweise bereits aus dem 14. Jh. stammt.

18 Mas

Zentrum für Schnitzkunst und kunstvolle Möbel aus Bambus und Holz.

Das 2 km südlich von Ubud gelegene Dorf Mas hätte leicht als Vorort des künstlerischen Zentrums der Insel Ubud untergehen können. Aber die Bewohner der schnell wachsenden Ansiedlung haben sich einen hervorragenden Ruf als **Holzschnitzer** und **-bildhauer** geschaffen. Täglich durchstreifen nun Touristen die lebhaften Werkstätten und beobachten, wie aus riesigen Baumstämmen in mühevoller Arbeit handlichere Stücke gesägt werden, wie vier Männer gleichzeitig aus einem ungeschlachten Baumstrunk ein bewegtes Kunstwerk schlagen, wie aus Bambus und Rattan Möbel für jede Gelegenheit hergestellt werden. In den entsprechenden Geschäften werden die Stücke zum Verkauf angeboten: bizarre, bunt bemalte Tanzmasken erfreuen das Auge, Dämonenköpfe blecken ihre überlangen Reisszähne, bunte Mobiles bewegen sich leise klimpernd im Wind. Gerne führen die Holzschnitzer von Mas auch Auftragsarbeiten aus.

◁ *Rings um Ubud ist die balinesische Kunst zu Hause:*
Oben: *In Mas arbeiten die Holzschnitzer, deren Werke man auch in Ubuds Neka-Museum bewundern kann*
Mitte und unten: *In Ubud stellen Maler aus, deren Bilder von Kult und Alltag auf Bali erzählen. Bei dem großen Angebot fällt die Wahl schwer*

19 Ubud *Plan Seite 48*

Dreh- und Angelpunkt der balinesischen Kunstszene.

Spätestens seit sich der deutsche Maler, Musiker und Bali-Liebhaber Walter Spies (1895–1942) im Jahr 1927 in dem kleinen Bergort niederließ, gilt Ubud auch im Westen als künstlerisches Zentrum der Insel. Heute sieht man allenthalben **Kunstschulen**, in unzähligen **Galerien** werden Bilder, Schnitzwerke und Batikmalereien zum Kauf angeboten und ausländische Besucher schlendern in Scharen durch die Straßen des geschäftigen Ortes. Umso erstaunlicher ist, dass Ubud trotz allem Kunst- und Touristenrummel eine reizende kleine Stadt geblieben ist, umgeben von sanften Hügeln mit lichtgrünen Reisfeldern und kühlen Wäldern.

Affenwald ❶

Eine der Hauptattraktionen neben der Kunst ist der kleine *Monkey Forest* (tgl. 8–18 Uhr) in einer Senke am südlichen Stadtrand. Gleich hinter dem Haupteingang nehmen die hohen, Schatten spendenden Bäume Besucher wie ein Dom auf. Rechts geht es etwas abwärts zu einer kleinen eingefassten *Quelle* mit Badeplatz und einem Schrein für die Reisgöttin Dewi Beji. Folgt man dem Hauptweg weiter, sieht man inmitten der feierlichen Waldesruhe auf einer Anhöhe den **Pura Dalem Agung Padangtegal** ❷.

Die meisten Touristen sind jedoch weniger an dem Tempel interessiert als an einer Begegnung mit den berühmten **heiligen Affen**. Die kleinen graufelligen Tiere gelten als Nachfahren des mythischen Affenkönigs Hanoman und können – wie dieser – recht angriffslustig werden. Sie sind daran gewöhnt, gefüttert zu werden, verlangen es geradezu als ihr Recht. Mitunter interessieren sie sich auch mehr für Kamerataschen oder Hüte, und man tut gut daran, sie ihnen widerstandslos zu übergeben.

Stadtzentrum

Vom Affenwald führt die von Geschäften, Hotels und Restaurants dicht bestandene **Monkey Forest Road** ❸ geradewegs ins Zentrum von Ubud. An der zentralen Kreuzung liegt unübersehbar die ehem. Fürstenpalast **Puri Saren** ❹. Noch heute wird der rückwärtige Teil von Angehörigen der fürstlichen Familie bewohnt. Der vordere, prachtvoll ausgeschmückte Be-

Die Nachfahren des Affengottes Hanoman sind keine Kostverächter

reich ist jedoch zu besichtigen. Hier befindet sich auch eine Bühne, auf der jeden Abend nach Einbruch der Dunkelheit traditionelle Tänze gezeigt werden. Die Darbietungen sind von hoher Qualität und unbedingt sehenswert. Karten dafür gibt es am Eingang oder bei Straßenhändlern. Gegenüber liegt das eingeschossige Marktgebäude, wo der **TOP TIPP** **Kunstmarkt 5** von Ubud abgehalten wird. Jeden dritten Tag ist hier noch mehr los, wenn die Bevölkerung der umliegenden Dörfer hinzukommt und Obst, Gemüse und lebendes Federvieh verkauft.

An der nordwestlichen Kreuzungsecke kann man den Dorftempel **Pura Desa Sakenan 6** besichtigen. Die schöne Anlage mit mehreren steinernen Wächtern und goldbemaltem Schnitzwerk an den Gebäuden ist allerdings nicht touristisch zugänglich, d. h. man steht mitunter vor verschlossenem Gatter und muss auch eine Schärpe selbst mitbringen.

An der Jalan Raya Ubud 500 m westwärts überspannt ein steinerner Steg eine kleine Schlucht. Dahinter liegt an der steilen Talwand das 1953 gegründete **Museum Puri Lukisan 7** (tgl. 9–17 Uhr, www.mpl-ubud.com), in dem man an ausgesuchten Meisterwerken sein Auge für lokale Malerei und Stile (insbesondere der Pita Maha-Periode) schulen kann. Zu sehen sind beispielsweise Bilder von Walter Spies, Rudolf Bonnet oder Zeichnungen von I Gusti Nyoman Lempad. Nach und nach werden sowohl Gebäude als auch Ausstellungsstücke restauriert.

Vororte von Ubud

Vorbei am ebenfalls rechts liegenden Totentempel **Pura Dalem 8** von Ubud mit einem sehenswerten, knorrig-verwachsenen *Banyak*-Baum windet sich die gute, aber schmale Straße über das Flüsschen Uos in den Vorort *Campuan*. Links oben überblickt das **Blanco Renaissance Museum 9** (tgl. 9–17 Uhr) das Tal, einst Wohnhaus und Atelier des Malers Antonio Blanco (1927–1999). Es dient auch

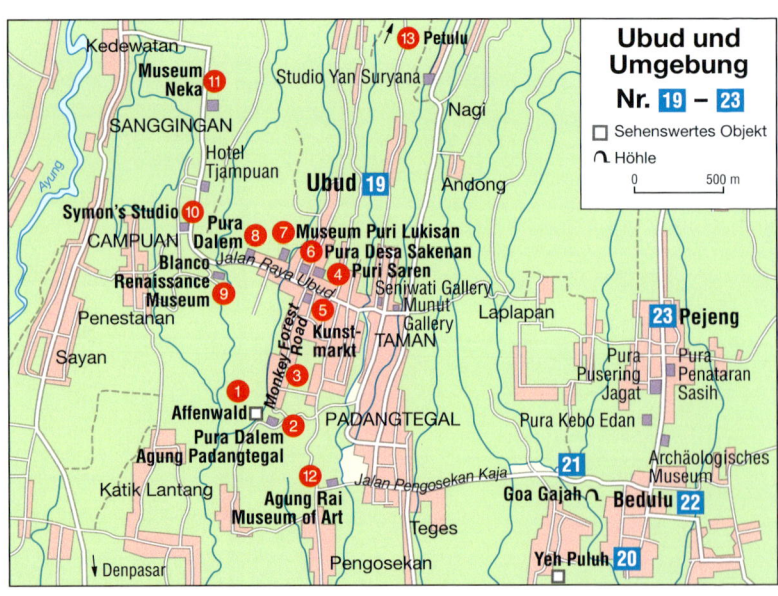

Ubud und Umgebung Nr. 19 – 23

☐ Sehenswertes Objekt
∩ Höhle

0   500 m

Kedewatan
13 Petulu
Museum Neka 11
Studio Yan Suryana
Nagi
SANGGINGAN
Hotel Tjampuan
Ubud 19
Andong
Symon's Studio **10** Pura
CAMPUAN **Dalem 8** **7** **Museum Puri Lukisan**
6 **Pura Desa Sakenan**
Blanco Jalan Raya Ubud **4** **Puri Saren**
Renaissance Seniwati Gallery
Museum 9 Munut
Penestanan Gallery Laplapan
5 TAMAN **23** **Pejeng**
Sayan Kunst- markt
Pura
3 Pusering Pura
1 Jagat Penataran
Affenwald ☐ Sasih
2 PADANGTEGAL Pura Kebo Edan
Pura Dalem
Agung Padangtegal Archäologisches
Katik Lantang **12** Jalan Pengosekan Kaja **21** Museum
Agung Rai Goa Gajah ∩ **Bedulu 22**
Museum of Art Teges
↓ Denpasar Pengosekan **Yeh Puluh 20** ☐

Ubuds Hotels machen das fehlende Meer gern durch schöne Schwimmbäder wett – so auch das Amandari Resort auf einer Anhöhe über dem Ayung im westlichen Vorort Kedewatan

als Galerie und ist leicht an seiner runden Eingangstür zu erkennen. Folgt man der Hauptstraße nach Norden, lohnt sich in **Symon's Studio** ❿ (tgl. vormittags – ca. 21 Uhr, www.symonbali.com) zumindest ein Blick auf die starkfarbigen Bilder des US-Amerikaners. Bereits seit 1928 besteht das *Hotel Tjampuan* (www.tjampuhan. com) schräg gegenüber, damals noch als Gästehaus des Prinzen von Ubud, später das von Walter Spieß, in dem seinerzeit bevorzugt Künstlerprominenz nächtigte. Es lohnt sich einen guten Kilometer weiter in *Penestanan* das **Museum Neka** ⓫ (Jl. Raya Campuan, tgl. 9–17 Uhr, www.museumneka.com) zu besuchen. Es wurde 1982 von dem Kunstmäzen *Wayan Suteja Neka* gegründet, selbst Schnitzer und ein Sohn des Pita-Maha-Malers *I Wayan Neka*. Ansprechend aufbereitet und dargeboten, macht das Museum in sechs Pavillons mit Geschichte und Gegenwart moderner balinesischer Malerei vertraut. Schwerpunkte der Ausstellung liegen auf den drei großen balinesischer Malschulen seit dem 17. Jh., Fotografien von Bali aus dem 1930er- und 1940er-Jahren, den Werken von Arie Smit und I Gusti Nyoman Lempad, zeitgenössischer indonesischer Kunst und einer Porträtgalerie mit Gemäden asiatischer und westlicher Künstler.

Ebenfalls sehenswerte Gemälde und Skulpturen zeigt auch das **Museum Rai Agung (ARMA)** ⓬ (tgl. 9–18 Uhr, www. armamuseum.com) im südlichen Vorort *Padangtegal*. Außerdem finden hier kulturellen Veranstaltungen statt, etwa bei Voll- und Neumond *Cak Rina Tänze* oder jeden So ein *Legong Peliatan Master Tanz* (ARMA Information Desk, Tel. 03 61/ 97 42 28).

Ein angenehmer, 3 km langer Spaziergang führt durch Reisfelder und Wald nach Nordosten zum Dorf **Petulu** ⓭. Gegen 6 Uhr abends kehren hier Scharen weißer Reiher (*Kokokan*) zu ihren Nestern heim. Es empfiehlt sich, ihren Flug von einem *Pondok* aus zu verfolgen, dessen Dach nicht nur vor Regen schützt …

Taro

Eine knappe Autostunde nördlich von Ubud kann man bei dem Dorf Taro im **Elephant Safari Park** (tgl. 9–17 Uhr). derzeit ca. 20 Elefanten aus Sumatra füttern, streicheln und u. a. beim Malen auf Leinwand beobachten. Der Eintrittspreis ist ausgesprochen hoch, ein Ritt auf dem Elefantenrücken durch die schönen umliegenden Wälder kostet extra.

ℹ️ Praktische Hinweise

Information

Bina Wisata, /Monkey Forest Road/Jl. Raya Ubud, Tel. 03 61/97 32 85, www.ubud village.com. Privates Informationsbüro mit Eventkalender und Tourangebot.

Hotels

*** **Champlung Sari**, Monkey Forest Road, Ubud, Tel. 03 61/97 54 18, Fax 03 61/ 97 54 73. Erstklassiges Hotel am südlichen

Ende der Hauptgeschäftsstraße. Sehr ruhig gelegen, keine 2 Min. vom Affenwald. 58 Zimmer, Restaurant, Pool.

** **Pertiwi Bungalows**, Monkey Forest Road, Ubud, Tel. 03 61/97 52 36, Fax 03 61/ 97 55 59. Luftige Bungalows in traditionellem Stil; alle Zimmer mit Balkon oder Terrasse. Swimmingpool, Restaurant.

 ◎◎◎ **Puri Padi**, Jl. Hanoman, Padangtegal, Tel. 03 61/97 50 10, Fax 03 61/97 57 40. Ruhiges, sehr angenehmes Mittelklassehotel im südöstlichen, dörflichen Vorort von Ubud neben Reisfeldern. Bungalows im schmalen, aber hübsch angelegtem Garten. Swimmingpool mit Kinderbecken.

◎◎◎ **Ubud Village**, Jl. Wenara Wana, Ubud, Tel. 03 61/97 55 71, Fax 03 61/ 97 50 69. Hübsches Stadthotel, die hinteren Bungalows besitzen Terrassen mit Blick auf Wald und Reisfelder. 28 Zimmer, Restaurant, kleiner Swimmingpool.

◎◎ **Ubud Inn**, Monkey Forest Rd, Ubud, Tel. 03 61/97 50 71, Fax 03 61/97 51 88, www.ubudinn.com. Freundliches Hotel an der belebten Straße. 35 Zimmer, Swimming- und Whirlpool im Garten.

◎ **Pande Permai**, Monkey Forest Road, Ubud, Tel. 03 61/97 54 36. 24 Bungalows, z. T. hübsch am Hang gelegen. 5 Min. zum Affenwald. Pool im Garten.

Pondok Sakti, Jl. Raya Ubud, Ubud, Tel. 03 61/ 9 61 81, Fax 97 51 15. Großzügige Komfort-Bungalows in traditionellem Stil. Gepflegter Familienbetrieb.

Residence Yan Suryana, Jl. Petulu Gunung 44, Petulu, Tel. 03 61/97 65 75, www.yansuryana.balisite.com. Charmante ruhige Gästebungalows einer indonesisch-österreichischen Künstlerfamilie, neben Studio. Mal- und Tanzkurse mgl.

Restaurants

Bebek Bengil (Dirty Duck Diner), Jl. Hanoman, Padangtegal, Tel. 03 61/97 54 89. Spezialität des Hauses ist – nach Vorbestellung – knusprig geröstete Ente auf balinesische Art.

Bridge Café, bei der Brücke nach Campuan, Ubud, Tel. 03 61/97 50 85, Fax 97 51 37, tgl. 9 –23 Uhr. Thailändische Spezialitäten; auch mit hawaiianischem und kalifornischem Einschlag.

◁ Landschaftskunst – die sorgfältig angelegten Reisterrassen im Zentrum der Insel

Munut Gallery, Jl. Raya Ubud (östlicher Stadtrand), Ubud, Tel./Fax 03 61/97 51 71 (tgl. 8–20 Uhr). Arrivierter Familienbetrieb mit reicher Auswahl.

Seniwati Gallery of Art by Women, Jl. Sri Wedari 2 B, Banjar Taman, Ubud, Tel./Fax 03 61/97 54 85, www.seniwati gallery. com. Kunst von, Kurse für Frauen.

20 Yeh Puluh

Der einzigartige Steinfries gibt sein Geheimnis nicht preis.

Fährt man von Ubud Richtung Bedulu, weist kurz vor der Goa Gajah [Nr. 21] ein Schild nach rechts den Weg zum **Relieffries** von Yeh Puluh. Vom Ende der unbefestigten Straße aus geht man noch ein gutes Stück zu Fuß durch Reisfelder. Es ist ein hübscher Spaziergang, aber wer sich nicht verlaufen möchte, fragt besser in Goa Gajah einen Jungen nach dem Weg. Wahrscheinlich wird er sich als Führer anbieten.

Über mehrere Stufen geht es schließlich in eine kleine Schlucht hinab, an deren Fuß gut 2 m hoch und 27 m lang das Relief plastisch aus dem Fels herausgearbeitet ist. Es wurde 1925 durch Zufall entdeckt und gibt den Archäologen immer noch Rätsel auf. Die ungemein lebendigen, lebensgroßen Figuren (Reiter, Jäger, Tiere) stellen keine bekannte Geschichte

Ungeklärte Fragen: Was erzählt der Fries von Yeh Puluh und wie alt ist er?

Café Arma, Padangtegal, Tel./Fax 03 61/ 97 66 59, tgl. 11–23 Uhr. Eher teures, aber offen-luftiges Café-Restaurant mit Wasserspielen und Blick auf Reisfelder. Lokale Spezialitäten. Do 20–22 Uhr Live-Musik (freier Shuttleservice nach Ubud).

Taman Lotus, Jl. Raya Ubud/Monkey Forest Road Ubud. Westliche und indonesische Küche in gehobenem Ambiente; die Plätze im Garten rund um den anmutigen Lotosteich sind sehr begehrt.

Galerien und Workshops

Bamboo Gallery – Yayasan Bamboo Lestari, Jl. Nyuhkuning, Pengosekan. So vielfältig kann Bambus sein.

Dewa Windia, Peliatan, Tel. 03 61/97 50 06, Fax 03 61/97 00 05. Künstlergemeinschaft in Ubuds aufblühendem Nachbardorf.

Ganesha Bookshop, Jl. Raya Ubud (schräg gegenüber der Hauptpost), Tel./Fax 03 61/97 03 20, www.ganeshabali. com. Große Auswahl an Bali-Büchern, dazu Landkarten. Second-Hand-Bücher und Verkauf von indonesischen Musikinstrumenten; Musikkurse.

aus dem Ramayana dar, und auch zeitlich lässt sich das ungewöhnliche Kunstwerk nur vage auf das 13.–15. Jh. datieren. Die Einheimischen jedenfalls wissen, was zu tun ist: Vor der das Relief abschließenden Figur eines sitzenden Ganesha, des elefantenköpfigen Sohnes von Shiva, stehen stets frische Opfergaben.

21 Goa Gajah

600 Jahre alte Steinskulpturen und Badebecken umgeben die ›Elefantenhöhle‹.

Zwischen Pejeng und Ubud liegt direkt an der Verbindungsstraße Goa Gajah (tgl. 8–17.30 Uhr), eines der ältesten Heiligtümer Balis. Vor Betreten durchschreitet der Besucher jedoch erst einen zweireihigen Touristenmarkt. Am Eingangshäuschen wird auch eine Gebühr für mitgebrachte Kameras erhoben.

Dann führen 60 Stufen in ein sich erweiterndes Tal hinab. Bereits im 11. Jh. trieben Menschen die namengebende **Höhle** in die nördliche Felswand. Sie wurde jedoch erst 1923 zufällig wiederentdeckt. Durch das weit aufgerissene Maul eines prächtigen, um den Eingang in den Felsen geschlagenen Dämonenkopfes betritt man die T-förmige Höhle. An den Wänden reihen sich einfache Meditationsnischen aneinander, schießschartenähnliche Fenster lassen nur wenig Licht ins Innere. Um so eindrucksvoller taucht dann links am Höhlenende aus dem dämmrigen Halbdunkel die steinerne, ca. 1 m hohe Plastik des elefantenköpfigen, vierarmigen Gottes Ganesha auf. An der gegenüberliegenden Wand zollen Gläubige drei *Lingga-Yoni*, Fruchtbarkeitssymbolen, Ehrerbietung.

Verlässt man die Höhle wieder, so sieht man gleich vis-à-vis die drei rituellen, großen **Wasserbecken**, die 1954 ausgegraben wurden. Besonders schön sind die sechs steinernen Frauenfiguren, aus deren vor die Brust erhobenen Krügen Wasser fließt. In dem dahinter liegenden Heiligtum **Pura Taman** beten Frauen um Kindersegen.

Eine kleine Exkursion vom Höhlenvorplatz nach Süden führt ins steile **Tal des Petanu** hinab. Hier lassen Ruinen und zwei Buddhafiguren ein frühes buddhistisches Klosters vermuten, das eventuell auch die Entstehung von Goa Gajah und dem Quelltempel beeinflusste.

Der schreckliche Dämonenkopf von Goa Gajah kann wohl böse Geister fernhalten, nicht jedoch Touristen

Beim farbenprächtigen Tempelfest strahlt die Anlage von Bedulu wieder etwas von ihrem alten Glanz aus

22 Bedulu

Dorf mit großer Vergangenheit.

Nichts weist heute mehr darauf hin, dass Bedulu im 13. und 14. Jh. eine der wichtigsten Niederlassungen des Fürstentums von Pejeng war. Doch soll hier der Palast des zaubermächtigen **Raja Dalem Bedahulu** gestanden haben. Der Fürst hatte sich – das ist geschichtlich erwiesen – Mitte des 14. Jh. vergeblich den javanesischen Majapahit-Eroberern entgegengestellt. Bedahulu, so überliefert wiederum die Legende, konnte durch Magie seinen Kopf mit dem jedes anderen Lebewesens vertauschen. Als aber einmal sein eigenes Haupt in einen Fluss fiel, musste er fortan mit einem Schweinekopf leben. Keiner durfte den Herrscher so sehen. Doch durch einen Trick gelang es einem javanischen General, den Raja mit dem Schweinekopf zu betrachten. Da verzehrte die Flamme der Scham den balinesischen Fürsten – und Bali wurde javanisch. Vom Namen des Unglücklichen soll sich die Ortsbezeichnung Bedulu ableiten.

Andere, halb historische, halb legendäre Ereignisse verbinden sich mit dem **Pura Samuan Tiga**, der *Trimurti*, der göttlichen Dreieinigkeit von Brahma, Wishnu und Shiva geweiht ist. Hier sollen einst sechs heilige Männer zur Friedenssicherung die Grundlagen der balinesischen Hindu-Dharma-Religion entworfen haben. Deshalb findet in Bedulu an jedem 10. Vollmond des balinesischen Kalenders ein mehrtägiges Tempelfest statt. Man sollte die großartigen Prozessionen unbedingt besuchen, wenn man Gelegenheit dazu hat.

23 Pejeng

Drei eindrucksvolle Tempel zieren die einstige fürstliche Hauptstadt.

Das Gebiet zwischen den beiden Flüsschen Petanu und Pakerisan gilt als bevorzugter Aufenthaltsort der Götter. Entsprechend viele Tempel, Schreine und heilige Orte sind hier zu finden.

Eines der wichtigsten Heiligtümer der Region ist der **Pura Penataran Sasih** in Pejeng. Sein Ruf gründet sich auf die hier aufbewahrte bronzene Kesseltrommel, genannt ›Mond von Pejeng‹. Sie wurde vermutlich um 300 v. Chr. gefertigt, war also schon 1000 Jahre alt, als das Fürstentum von Pejeng erblühte. Es ist nicht sicher, ob sie aus Indonesien oder aus Viet-

Der ›Mond von Pejeng‹

Anders als heutige Experten weiß die Legende Genaues zur Entstehung der Kesseltrommel von Pejeng. Vor undenklichen Zeiten standen dreizehn Monde am Himmel. Einer davon fiel herunter und verfing sich in einer Baumkrone. Er strahlte so hell, dass er jede Nacht zum Tage machte. Das hinderte eine Diebesbande an ihrem Handwerk. Um Abhilfe zu schaffen, stieg einer der Langfinger auf den Baum und urinierte auf den Mond, um dessen Licht zu löschen.

Das Vorhaben gelang, aber der Himmelskörper explodierte durch die plötzliche Abkühlung und tötete dabei den frevlerischen Dieb. Der Mond jedoch fiel als Bronzetrommel zur Erde, und noch heute kann man an ihr die Schramme von dem harten Aufprall sehen.

nam stammt, wenn auch die Ornamentik typisch indonesische Stilmerkmale zeigt. Die längliche Trommel des ›Mondes von Pejeng‹ hat einen Durchmesser von etwa 1,5 m und eine Höhe von rund 1,8 m und gilt damit als größter frühgeschichtlicher Bronzegong der Welt. Sie hängt überdacht im hinteren Tempelbereich, aber leider so hoch, dass man mit bloßem Auge die fein ziselierten geschwungenen Linien und stilisierten Gesichter auf der Oberfläche nicht deutlich sieht.

Der benachbarte **Pura Pusering Jagat** (›Nabel der Welt‹) bewahrt seit seiner Entstehung Anfang des 14. Jh. einen knapp 1 m hohen Steinzylinder auf. Er ist außen über und über mit Reliefs bedeckt, die die Götter beim Aufrühren des Meeres zeigen. So erzeugen sie *Amrita*, das Lebenswasser, zu dessen Aufbewahrung das Gefäß auch diente. Darüber hinaus fallen die zahlreichen *Lingga*- und *Yoni*-Steine auf, vor denen oft junge Paare um Nachwuchs beten.

Der dritte große Tempel von Pejeng ist der **Pura Kebo Edan** im Süden. Dieser ›Tempel des verrückten Wasserbüffels‹ kann mit einer knapp 4 m hohen Steinstatue des Furcht erregenden Riesen Bima aufwarten, unter dessen Füßen sich angstvoll eine menschliche Gestalt windet. Als ob er mit seinem weit aufgerissenen Maul und mit Totenschädeln behängt nicht schon grausig genug anzuschauen wäre, ist Bima auch noch mit sechs Penissen ausgestattet, einer von ihnen sichtbar und von wahrhaft erschreckender Größe. Andere blutrünstige Figuren sowie Darstellungen von männlichen und weiblichen Wasserbüffeln zieren den Haupteingang und die gegenüberliegenden Hallen. Man vermutet, dass sich hier vor 500 Jahren ein Zentrum der Shiva-Verehrung befand. Noch heute gilt der Tempel als Versammlungsort von *Dukan-dukan*, Zauberdoktoren.

200 m weiter südlich befindet sich auf der gegenüberliegenden Straßenseite das **Museum Arkeologi** (Mo–Fr 7.30–14.30 Uhr). In den kleinen Ausstellungsräumen

Ungewöhnlich für Bali, wo Tote meist verbrannt werden: Steinsarkophage im Archäologischen Museum von Pejeng

Im Schatten des Tempeldaches hängt eines der berühmtesten Fundstücke Balis: der ›Mond von Pejeng‹

In warmem Ziegelrot leuchtet das Gespaltene Tor des Pura Penataran Sasih in Pejeng

und Pavillons des archäologischen Museums sind verschiedenste Fundstücke von der Steinzeit bis zu bronzezeitlichen Grabbeigaben zu sehen. Überdacht, aber im Freien stehen die für das hinduistisch geprägte Bali sehr ungewöhnlichen Steinsarkophage, die auf das 3. oder 2. Jh. v. Chr. datiert werden und in denen die Menschen offenbar hockend beigesetzt wurden. Leider sind die Beschreibungen und Erläuterungen nur auf indonesisch, und die bemerkenswert vielen Wachsoldaten eignen sich nicht unbedingt als Führer.

Anschaulicher Geschichtsunterricht – die Königsgräber von Gunung Kawi legen Zeugnis ab von König Udayana und seiner Familie

24 Gunung Kawi

Direkt in die Felswand gemeißelt, überblicken die ›Königsgräber‹ das malerische Tal des Pakerisan.

Noch bevor man, von Süden kommend, das betriebsame Schnitzerdorf **Tampaksiring** erreicht, in dem vor allem Knochen und Elfenbein bearbeitet werden, zweigt links eine Straße zum Gunung Kawi ab,

dem ›Berg der Poesie‹. Unzählige Buden und Heerscharen von Händlern weisen den Weg.

Über eine steile Treppe, die an einer Stelle mitten durch den Fels führt, geht es nach dem Kassenhäuschen etwa 1 km hinab ins landschaftlich wunderschöne, herrlich grüne Tal des Bergflüsschens Pakerisan. Gegenüber der Brücke sind einfache Mönchszellen aus dem Fels der Talwand geschlagen. Sie dürfen nur bar-

Paradiesisches Bali – Baden im Fluss Pakerisan bei Gunung Kawi

fuß betreten werden. Links daneben befinden sich in hohen Nischen fünf kunstvolle *Candi* von über 6 m Höhe. Es handelt sich nicht wirklich um Gräber, da sie keine Hohlräume oder Grabkammern besitzen. Vielmehr wurden sie als massive **Denkmäler** mit pyramidenförmigem Dach um 1080 zur Erinnerung an große balinesische Könige des 11. Jh. aus dem Fels herausgearbeitet. Gegen 1077 war Anak Wungsu, Sohn des berühmten Reichseiners Udayana, gestorben. Ihm und seiner engeren Familie soll die beeindruckende Anlage gewidmet sein. Andere Deutungen verbinden sie mit König Udayana selbst, seiner Frau Königin Mahendradatta und ihren Söhnen Airlangga, Anak Wungsu und Marakata.

Etwas weiter südlich liegt hinter reizvoll angelegten Reisfeldern ein vereinzelter *Candi*, der ebenfalls Gunung Kawi zugeordnet wird.

Vis-à-vis der fünf Hauptschreine sind in die gegenüberliegende Talwand vier weitere, gleichartige *Candi* gemeißelt. Sie waren den vier Lieblingskonkubinen Anak Wungsus gewidmet. Doch auch hier wurden keine menschlichen Überreste gefunden, es sind also gleichfalls keine ›echten‹ Gräber.

Der Sage nach wurden die übergroßen *Candi* von Gunung Kawi in nur einer Nacht geschaffen, als sie der legendäre Riese Kebo Iwo mit seinen Fingernägeln aus dem Fels kratzte [vgl. Nr. 17].

Heilkräftiges und erfrischendes Nass strömt aus den Quellen von Tirta Empul

25 Tirta Empul

Uralte ›Heilige Wasser‹ und viel ›unheiliger‹ Rummel.

Kurz hinter dem Dorf Tampaksiring gabelt sich der Weg nach Norden. Die linke Abzweigung führt zu dem *Palast*, den sich der ehem. Präsident und indonesische Staatsgründer Sukarno im Jahr 1954 auf einem Hügel über dem Badeheiligtum Tirta Empul an der Stelle eines ehem. niederländischen Herrenhauses errichten ließ. Auch er genoss gern den herrlichen **Ausblick**, der bis hinüber nach Gunung Kawi reicht.

Weniger exklusiv kann man diese Aussicht bis heute von dem **Badeheiligtum** Tirta Empul aus bewundern. Andenkenhändler und Verkaufsbuden weisen unverkennbar den Weg zu dem Parkplatz der etwa 1 km nördlich von Tampaksiring entspringenden *kalten Quellen* des Pake-

risan-Flusses. Aus einem um sie erbauten kleinen Tempel fließen die kühlen Bergwasser über Stufen in mehrere steinerne Badebecken. Armdick und mit erstaunlichem Druck strömt das klare Nass aus den nur wenig verzierten, moosbewachsenen Umfassungsmauern. Die Einheimischen glauben an seine Heilkräfte und besuchen gern die streng nach Geschlechtern getrennten Bäder. Auch wenn mittlerweile viele Touristen an diesen heiligen Ort kommen, gilt doch nach wie vor Fotografierverbot beim Baden, an das man sich auch halten sollte.

Der Legende nach trat die Quelle zutage, nachdem der Gott Indra die Erde mit seinen Fingernägeln aufgekratzt hatte, auf der Suche nach rettendem heiligem Wasser für seine von dem verräterischen König Mayadanawa vergiftete Streitmacht.

Die jährliche **Reinigungszeremonie** im vierten Mondmonat ist ein beeindruckendes Erlebnis. Dazu wird aus dem nahen Dorf *Manukaya* ein verwitterter Stein zum Tempel getragen, dessen Inschrift den Bau des Heiligtums auf das Jahr 962 n. Chr. datiert und das Prozedere der jährlich zu begehenden Zeremonie festlegt. Seit mehr als 1000 Jahren wird dieser Tag begangen, auch wenn der Inhalt der erst vor einigen Jahren entzifferten Inschrift des Steines für die Dorfbewohner längst unverständlich geworden ist.

Der Osten – traditionsreiches Kulturland

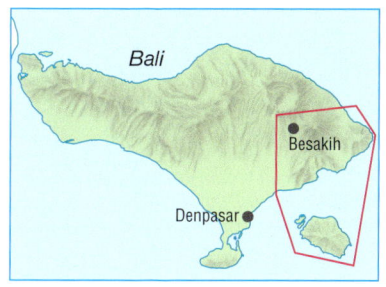

Mit Namen wie **Amlapura**, **Gianyar** oder **Klungkung** verbindet sich die Erinnerung an mächtige Fürstentümer, aber auch an eine Katastrophe im Jahr 1963. Damals brach der heilige Berg Balis, der **Gunung Agung**, aus, seine Lavaströme vernichteten ganze Landstriche, etwa 1000 Menschen kamen dabei ums Leben. Doch heute ist der Gunung Agung und der ausgedehnte Komplex des ›Muttertempels‹ **Besakih** an seinem Südhang völlig gefahrlos zu besuchen. Auch der charakteristische schwarze Lavaboden um die Fledermaushöhle **Goa Lawah** grünt wieder üppig. Nach dem Ausbruch wurden viele Orte als Zeichen eines Neubeginns umbenannt, etwa das altehrwürdige Klungkung in Semarapura.

Westliche Touristen besuchen gern die Strände des kleinen Fährhafens **Padang Bai** und von **Candi Dasa**, in dessen waldigem Hinterland man zudem sehr schön wandern kann. Auch die vorgelagerte Insel **Nusa Penida** erfreut sich zum Schnorcheln und Tauchen zunehmender Beliebtheit.

26 Bangli

Charmanter Marktflecken, überragt von großartigen Tempelterrassen.

Das nette Provinzstädtchen eignet sich hervorragend als Ausgangspunkt für Ausflüge, sei es in die Bergen im Norden oder in die reizvolle Umgebung. Bangli selbst war vor rund 700 Jahren fürstliche Hauptstadt eines eigenen Reiches. Der ehem. Palast **Puri Artha Sastra** beim Marktplatz wird teils noch von Mitgliedern der einstigen Herrscherfamilie bewohnt, teils als Hotel genutzt.

Im Norden, etwas außerhalb der Stadt, liegt am Fuß des Gunung Agung der **Pura Kehen** (tgl. 6–18.30 Uhr). Schier unendliche, mit Reliefs und Skulpturen reich verzierte Treppenfluchten führen zu dem prächtigen Staatstempel hinauf, der vermutlich bereits im 11. Jh. gegründet wurde. In die Mauer des ersten Innenhofes, den ein riesiger *Banyak*-Baum beschattet, sind chinesische Porzellanteller eingelassen, von denen leider schon einige zerbrochen sind. Außerordentlich beeindruckend ist über dem Gedeckten Eingangstor das Haupt der fürchterlichen Kala, das vor bösen Eindringlingen schüt-

zen soll und mit gleichartigen Skulpturen von Bima, Durga und Rangda im Inneren der Anlage korreliert. Im rückwärtigen Hof, dem inneren Heiligtum, ruht ein eleganter elfstufiger *Meruh* auf den Füßen einer Schildkröte – Symbol für die Unterwelt. Hier waren noch bis vor einigen Jahren drei bedeutsame historische Bronzetafeln aufbewahrt worden, die heute im prächtig restaurierten **Pura Penyimpenan** gegenüber einen neuen Platz gefunden haben.

Prächtiger Skulpturenschmuck ziert den Aufgang zum Tor des Pura Kehen von Bangli

◁ *Der großartige ›Muttertempel‹ Besakih zieht Scharen von Gläubigen und Besuchern an*

Lebendig erzählen die Relieftafeln an Banglis Pura Kehen vom ewigen Streit zwischen Gut und Böse

Neben der Pracht des Tempels macht vor allem der atemberaubende **Ausblick** ins Tal den Besuch des Pura Kehen zu einem Erlebnis. Noch größer ist der Genuss, wenn man die Mühe auf sich nimmt und einem der Saumpfade hinter dem Pura bergaufwärts folgt.

ℹ Praktische Hinweise

Information
Government Tourist Office, Jl. Sriwijaya 23 (im Sasana Budaya Arts Centre), Bangli, Tel. 03 66/915 37

Hotel
Artha Sastra Inn, Jl. Merdeka 5, Bangli, Tel. 03 66/911 79. Neun einfache Zimmer im einstigen königlichen Palast.

27 Gianyar

Das Weberstädtchen träumt vom Glanz der alten Tage.

Als Verwaltungshauptstadt steht Gianyar dem gleichnamigen Bezirk vor, zu dem etwa auch Ubud gehört. Hier ist aber bei weitem nicht so viel Betrieb wie dort, das Städtchen ist nur noch ein Schatten seiner selbst. Im 18. und 19. Jh. war es Sitz der Fürsten von Gianyar, die ihr Reich im Jahr 1900 unter das Protektorat der Holländer stellten. So blieb Gianyar in den bald darauf folgenden blutigen Kämpfen zwischen den Europäern und balinesischen Fürstentümern außen vor, erlebte aber einen wirtschaftlichen Niedergang. Der **Puri Agung Gianyar** im Ortszentrum gilt mit seinen reich beschnitzten Pavillons, den schönen Höfen und Gärten als eine der prächtigsten Paläste Balis. Er ist jedoch nicht öffentlich zugänglich, da er noch von Mitgliedern der Fürstenfamilie bewohnt wird.

Heute lebt das ruhige Gianyar hauptsächlich von seiner **Textilproduktion** und *Ikat*-Weberei. Viele entsprechende Handwerksbetriebe haben sich im Westen der Stadt angesiedelt, und eine Stippvisite ist durchaus interessant. Die Herstellung von *Ikat* ist sehr aufwendig [s. S. 130], und für ihre gold- und silberdurchwirkten *Songket*-Stoffe sind die Weber von Gianyar berühmt.

Sidan

Östlich von Gianyar, auf dem Weg nach Bangli, steht in dem Dorf Sidan ein kleiner, aber sehr feiner **Pura Dalem**. Der reiche plastische Figurenschmuck des Totentempels, z. B. etwa Durga und Rangda über dem Haupttor, ist für den Süden sehr ungewöhnlich und deutet auf eine früher engere Verbindung zu Balis Norden hin.

28 Klungkung/Semara-pura und Kamasan

In der Kerta Gosa sind entsetzliche Höllenqualen schon in diesem Leben zu schauen.

Offiziell heißt die Stadt heute wieder Semarapura, aber die neue Bezeichnung will sich nicht so recht durchsetzen. Mit dem alten Namen Klungkung bzw. **Gelgel** verbindet sich die Erinnerung an das große Reich, das der javanische Heerführer Gajah Mada Mitte des 14. Jh. als Statthalter der Majapahit-Dynastie etablierte [s. S. 12]. Das damalige Reich von Gelgel zerfiel zwar Mitte des 17. Jh. in mehrere konkurrierende Fürstenhäuser, aber Klungkung behielt seine unangefochtene Vormachtstellung. 1710 war der Hof-

Das kleine Gianyar ist berühmt für seine farbenprächtige Textilproduktion

staat vom wenige Kilometer südlich gelegenen Gelgel nach Klungkung übersiedelt, und die neue Hauptstadt entwickelte sich dadurch zum inselweiten Kunst- und Kulturzentrum.

Damit war es dann 1908 endgültig vorbei, als die Holländer vor den Toren des fürstlichen Palastes standen. Der Dewa Agung, Raja von Klungkung, zog mitsamt

Die Bilder der ehemaligen Gerichtshalle Kerta Gosa in Klungkung führen es drastisch vor Augen: Übeltätern drohen im Jenseits grässliche Strafen!

Hier, in der Kerta Gosa von Klungkung, regelten drei Priester all jene Rechtsfälle, die nicht innnerhalb einer Familien- oder Dorfgemeinschaft gelöst werden konnten

Familie und Hofstaat *Puputan*, die rituelle Selbstopferung, der Unterwerfung und der ungerechten Eroberung vor. Im Zusammenhang mit diesem beschämenden Ereignis wurde auch der Fürstenpalast größtenteils zerstört.

Einen Eindruck der früheren Pracht und Herrlichkeit vermittelt noch heute an der zentralen Straßenkreuzung der **Taman Gili** (tgl. 7–18 Uhr). ›Garten der Insel‹ heißt er nicht umsonst: Gleich gegenüber dem Eingang liegt der **Bale Kembang** inmitten eines rechteckigen Lotosteichs. Während der heißen Mittagszeit genossen Raja und Hofstaat unter dem weit vorkragenden Dach des ›Schwimmenden Pavillons‹ erfrischende Kühle und den Anblick der filigranen *Wayang*-Malereien im Innern.

Aber so angenehm es hier auch sein mag, die meisten Besucher zieht es in die kleinere **Kerta Gosa** 20 m weiter. In dieser offenen Gerichtshalle auf einem Steinpodest sprachen seit dem 18. Jh. Priester, Richter und mitunter auch der Raja Recht. Der gesamte Dachstuhl ist innen bis unter den Giebel mit Bildleisten bemalt. Zum einen wird die Geschichte von Bima erzählt, der in Ober- und Unterwelt seine Eltern sucht. Der Inhalt der anderen Bilder hingegen ist eher grausig: Sie zeigen

anschaulich, was mit Übeltätern in der jenseitigen Welt geschieht. Da reißen Dämonen Lügnern mit glühenden Zangen die Zunge heraus, Hartherzige bekommen die Haut abgezogen, Wollüstigen und Ehebrechern wird der Unterleib ausgebrannt – es ist ein schauerliches Treiben, das noch heute den beabsichtigten (heilsamen?) Schock nicht verfehlt.

Malerei im traditionellen Wayang-Stil wird in Kamasan gepflegt

Auf dem Gelände von Taman Gili befindet sich auch das **Museum Daerah Semarapura**, das eine kleine, aber interessante Sammlung von Antiquitäten, Stoffen und historischen Waffen zeigt.

Am östlichen Stadtrand führt die **Kali-Unda-Brücke** über den Yehunda-Fluss. Sie ist mit 80 m die längste Brücke Balis. Ober- und unterhalb befinden sich die beiden nach Geschlechtern getrennten traditionellen Badestellen der Einwohner Klungkungs. Hinter der Brücke befanden sich einst zwei Dörfer, die aber 1963 der Lavastrom vom Gunung Agung vollständig vernichtete.

Kamasan

Von Klungkung aus bietet sich ein Besuch in dem 2 km südlich gelegenen Dorf Kamasan an, vor allem, wenn man sich für **balinesische Malerei** interessiert. Hier wird der *Wayang*- oder Klungkung-Stil gepflegt. Er stellt Motive flächig und im silhouettenartigen Profil dar, meist in Naturfarben gehalten, ähnlich, wie man es bei den Stabpuppen des *Wayang kulit* sieht. Im **Banjar Siku** ist eine Künstlerschule beheimatet, deren Mitglieder alte Kunst mit der Moderne verbinden.

ℹ Praktische Hinweise

Information

Government Tourist Office, Jl. Untung Surapati 2 (im Museum Daerah Semarapura), Klungkung, Tel. 03 66/214 48

Hotel

Loji Ramayana, Jl. Diponegoro, Klungkung, Tel. 03 66/210 44. Kleines, freundliches Hotel im Osten der Stadt.

29 Nusa Penida

Taucherfreuden vor einsamer Insel.

Trocken und karg präsentiert sich die **Kalkstein-Insel** Penida, also nutzte der frühere Raja von Klungkung das wenig fruchtbare Eiland als Verbannungsort. Noch heute hängt Nusa Penida der Ruf nach, von Dämonen und bösen Geistern bevölkert zu sein, was die Insel zu einem hervorragenden Ort für Schwarze Magie mache. Aber davon wollen die wenigen Einwohner nichts wissen. Sie ernähren sich redlich vom Fischfang. Das könnte sich allerdings in absehbarer Zeit ändern, denn immer mehr erfahrene Taucher

entdecken die bunte **Unterwasserwelt** am Saumriff der Nordküste. Auch **Nusa Lembongan** und **Nusa Ceningan**, die beiden kleineren nordwestlichen Nachbarinseln, sind durch bizarre artenreiche Korallenriffe geschützt.

Sehr schön ist eine Tageswanderung über Nusa Penida. Besucher lassen sich am besten von Kusamba auf Bali aus früh am Morgen nach Toya Pakeh oder Sampalan übersetzen (ca. 45 Min. mit einem *Jungkung* mit Außenbordmotor; einfache Frachtboote brauchen etwa 3 Std.). Auch von Sanur aus ist die Fahrt mit einem bunt bemalten *Jungkung* möglich, dauert aber doppelt so lange.

Etwas östlich von Toya Pakeh kann man der Tempelanlage **Pura Ped** einen kurzen Besuch abstatten. Oder man erkundet mit einem Führer die wunderbar kühlen Tropfsteinhöhle **Goa Karangsari** bei dem gleichnamigen Dorf im Osten der Insel. Mehrere Pisten führen auf den flachen Gipfel des **Gunung Mundi**, mit 529 m die höchste Erhebung von Nusa Penida. Oben liegen einem die Insel und das Meer zu Füßen. Besonders schön ist der Blick auf die grüne Küste Balis, im Hintergrund überragt von den Spitzen des Gunung Agung.

ℹ Praktische Hinweise

Hotel

Waka Nusa Resort, Nusa Lembongan, Tel. 03 61/72 36 29, Fax 03 61/72 20 77, www.wakaexperience.com. Komfortable Luxus-Bungalows in traditionellem Stil, schöner Garten mit Swimmingpool.

30 Goa Lawah

Unzählige Fledermäuse hängen kopfüber an der Decke des Höhlen-heiligtums.

Auf halbem Weg zwischen den kleinen Häfen Kusamba (*Jungkungs* nach Nusa Penida und Nusa Lembongan) und Padang Bai liegt landeinwärts, direkt an der Küstenstraße, das hinduistische Heiligtum Goa Lawah (tgl. 8– 18 Uhr), die **Fledermaushöhle**. Schon beim Eingang am majestätischen *Banyak*-Baum nimmt das Ohr feine, schrille Töne wahr, die anfangs noch eher an die Geräusche bei leichtem Ohrensausen erinnern. Wenn aber nach nur wenigen Schritten der durchdringende, süßliche Geruch nach tierischen Ausscheidungen in die Nase dringt, kann es keinen Zweifel mehr geben, dass es sich bei den Bewohnern dieser Höhle um die namengebenden Fledermäuse handelt. Zu Abertausenden drängen sie sich tagsüber an der Decke bis ganz nach hinten in die niedrige Höhle (Betreten verboten!) hinein, so weit das Auge reicht.

Gerade noch vom überhängenden Höhlendach beschattet, stehen am Eingang drei kleine *Meruh*, an denen die Gläubigen opfern. Seit seiner Errichtung im 11. Jh. wird der Tempel mit *Basuki* und *Antaboga*, den beiden mythischen *Naga*-Schlangen, in Verbindung gebracht. Diese Vorstellung mag durch reale Schlangen unterstützt werden, die in der kilometertiefen Höhle leben sollen. Angeblich ziehen sich die Höhlengänge durch den Gunung Agung bis zum Muttertempel Besakih [Nr. 36] hinauf und bilden damit die Verbindung zwischen Ober- und Unterwelt.

Am schwarzen Lavastrand gegenüber von Goa Lawah gewinnen einige Familien Salz, indem sie auf großen Plastikplanen Meerwasser in der Sonne verdunsten lassen.

Östlich von Goa Lawah wirkt die Landschaft vergleichsweise karg, stellenweise merkt man hier noch die Auswirkungen des Vulkanausbruchs von 1963. Die damals neu gepflanzten Bäumchen am Strand gediehen zwar zusehends, müssen aber noch etwas wachsen, bis sie die Größe ihrer Vorgänger erreichen.

Balinesische Kinder sind Fremden gegenüber meist sehr aufgeschlossen

31 Padang Bai

Gemächliches Dorfleben am Rande der perfekten, hellsandigen Bucht.

Bekannt ist Padang Bai vor allem als **Fährhafen** nach Lombok. Allerdings bleiben viele Individualreisende gerne einige Tage hier, wenn sie erst einmal den wunderschönen **Strand** der sanft geschwungenen Bucht sehen, auf den tagsüber die bunt bemalten *Jungkungs* der Fischer gezogen werden. Nov.–Febr. ankern auch immer wieder Kreuzfahrtschiffe in der makellosen Bucht.

An Sehenswürdigkeiten gibt es in Padang Bay nicht viel: Bei dem kleinen **Pura Silayukti** im Norden soll im 11. Jh. der legendäre Mönch Empu Kuturan gelebt und gewirkt haben. Auf halbem Weg nach Candi Dasa bietet die **Laguna biru** [s. S. 65] einen interessanten Tauchgrund mit Korallenfeld und Steilwand.

Jenseits des modernen Fährhafens schließt sich **Pantai Kecil** an. Dieser ›Kleine Strand‹ ist womöglich noch malerischer als Padang Bai selbst. Auch weiter westlich reiht sich eine kleine, hübsche Bucht an die andere. Sie sind aber nur zu Fuß oder mit dem Boot zu erreichen.

i Praktische Hinweise

Hotel

Puri Rai Beach Inn, Jl. Silayukti, Padang Bai, Tel. 03 63/413 85, Fax 03 63/414 28. 30 Zimmer in hübschen Bambus-Bungalows; die neueren verfügen über Klimaanlage; Swimmingpool im Garten

Serangan Inn II, Padang Bai, Tel. 03 63/414 25 (Serangang Homestay I). Einfache, aber sehr nette Zimmer am Hang über der Bucht. Weite Sicht auf das Meer.

Zahlreiche weitere *Losmen* und Privatunterkünfte zwischen Fährhafen und Perama-Shuttlebus-Station.

32 Candi Dasa

Tauchparadies und wieder Tourismuszentrum des Ostens.

Lange Zeit schützte ein vorgelagertes Korallenriff die kleine Lagune von Candi Dasa. In der zweiten Hälfte des 20. Jh. zogen die feinen, hellen Sandstrände der Region immer mehr Touristen an, entlang der Küstenstraße entstanden zahlreiche Hotels und *Losmen*, und das Fi-

Bunt bemalte Jungkungs setzen Farbakzente am schönen Strand von Padang Bai

scherdörfchen entwickelte sich zur **touristischen Drehscheibe** in Balis Osten. Damit wäre es beinahe vorbei gewesen, als in den 1980er-Jahren rücksichtslose Dynamitfischerei und Sprengungen zur Kalkgewinnung innerhalb weniger Jahre die schützenden Korallenriffe zerstörten. In der Folge brandete das Meer ungehemmt an den Strand und schwemmte den Sand fort. Seit das Problem erkannt ist, versucht man mit Wellenbrechern, weit ins Meer hinausreichenden Molen und Sandaufschüttungen an der Küste die Sünden der Vergangenheit auszugleichen. Und das mit **Erfolg**: im eigentlichen Candi Dasa reihen sich wieder mehrere kleinere sandige Küstenabschnitte aneinander, die außerhalb des Dorfes zunehmend zu schönen Stränden zusammenwachsen. Vor allem westlich von Candi Dasa wächst die Zahl der Resorts beträchtlich und zieht dich mittlerweile über die Ortsteile *Senkidu* und *Medira* sogar bis ins 5 km entfernte *Buitan* hin.

In Candi Dasa selbst häufen sich Hotels, Restaurants, Geschäfte – und mehrere Tauchschulen, denn immer mehr

Taucher und **Schnorchler** entdecken die bunte artenreiche Unterwasserwelt zwischen der hiesigen Küste und den vorgelagerten Inseln *Nusa Lembongan* und *Nusa Penida* [Nr. 29]. Bekannt ist etwa die **Laguna biru**, die ›blaue Lagune‹, im Westen Richtung Padang Bai. Man sollte aber wegen der recht starken Strömung vorsichtig sein und sich an die Anweisungen der Bootsführer halten. Das gilt auch für Ausflüge zu den kleinen küstennahen Felsinseln Gili Tepekong, Gili Biaha und Gili Mimpang, an deren Unterwasserhängen sich reichlich Barrakudas, Thunfische, Riffhaie und Manta tummeln.

Eine weitere Attraktion ist das schöne hügelige **Hinterland**. Bachtäler und kleine Kare führen bergan, und in den hohen Wäldern kann man (begleitet von einem einheimischen Führer) herrliche **Wanderungen** unternehmen. Candi Dasa heißt wörtlich ›Ort der zehn Tempel‹. Nicht mitgerechnet sind da wohl die unzähligen Bergschreine, die immer wieder aus der Halbdämmerung auftauchen. In Lichtungen oder auf freien Hängen überblickt man oft weit die Südostküste Balis.

ℹ️ Praktische Hinweise

Hotels

***Candi Beach Cottage**, Sengkidu (2 km westlich von Candi Dasa), Tel. 03 63/412 34, Fax 03 63/411 11, www.candi beachbali.com. Ruhiges Hotel mit allem Komfort, aufgeschütteter hauseigener Strand, Tennisplatz, Whirlpool, Bar, Restaurant. Kostenloser Shuttleservice.

❀❀❀ **Candidasa Beach Bungalows II**, Candi Dasa, Tel. 03 63/411 26, Fax 03 63/415 37. Angenehmes, sehr freundliches Haus am westlichen Ortsrand von Candi Dasa, das architektonisch wegen seiner ungewöhnlichen Größe auffällt. 63 Zimmer, Swimmingpool, Bar, Restaurant.

❀❀❀ **Kubu Bali**, Candi Dasa, Tel. 03 63/415 32, Fax 03 63/415 31, www.kububali.com. Stilvolles Anwesen, 20 luftige Bambus-Bungalows verteilen sich großzügig im terrassierten Garten am Hang. Schöne Ausblicke über die Küste. Hübscher Swimmingpool mit künstlicher Grotte.

❀❀ **Taman Air** (Watergarden), Jl. Raya Candi Dasa, Candi Dasa, Tel. 03 63/415 40, Fax 03 63/411 64, www.watergardenhotel.com. Elf lauschige Bungalows und ein Restaurant, alles hübsch an den Hang gebaut. Familiäre Atmosphäre.

Balina Beach & Diving Resort, Buitan , Tel. 03 63/410 02, Fax 03 63/410 01. Ruhig gelegen, 42 komfortable Bungalow-Zimmer in großem Garten am Strand. Restaurant, abends Livemusik. Angegliedertes Wassersport-Zentrum, Pool, Auto-/Motorradverleih.

Dewa Bharata Bungalows, Candi Dasa, Tel. 03 63/410 90, Fax 03 63/410 91. Kleines Hotel mitten im Ort, 24 gute Bungalows, Restaurant, Pool zur Seeseite.

Kelapa Mas Homestay, Candi Dasa, Tel. 03 63/413 69, Fax 03 63/4 19 47. Am Meeresufer neben Lotosteich. 14 Bungalows im traditionellen Stil mit 22 Zimmern in einem schönen Kokospalmen-Garten.

Restaurants

Kubu Bali, Candi Dasa, Tel. 03 63/415 32. Empfehlenswertes Hotelrestaurant mit bekannt guten Meeresfrüchten.

Murni's Café, Candi Dasa, Tel. 03 63/410 45. Sehr gute einheimische Küche, etwa Fisch in Bananenblatt geschmort.

Toke Café, Candi Dasa. Bekannt und gut; I Komang Bendi serviert Seafood, Pizza und Nasi. Häufig live Gamelanmusik.

Vincent's, Candi Dasa (im Osten zwischen Lagune und Forest Road), Tel. 03 63/413 68. Gute internationale Küche, umfangreiche Speisen- und Weinkarte. Lässig-elegant, mit balinesischen Gemälden und westlicher (Jazz-)Musik.

Blut für die Götter

In Tenganan ebenso wie in allen anderen Dörfern und Orten auf Bali sieht man am Straßenrand und in den Gehöften prächtige, oft grellbunt gefärbte Hähne unter bienenkorbförmigen Bambuskäfigen. Diese eigens gezüchteten Kampfhähne sind der ganze Stolz ihrer Besitzer. Offiziell ist der **Hahnenkampf** verboten. Aber als **rituelles Blutopfer** (*Tabu rah*) für das Gleichgewicht zwischen den positiven (*Dewa*) und den negativen Mächten (*Bhuta-kala*) ist er in der Vorstellung der Balinesen nach wie vor von

großer Bedeutung für die Stabilität des Kosmos. Überdies hat die Regierung beim Verbot des Kampfes ihre Rechnung ohne die **Wettleidenschaft** der Balinesen gemacht. Nach wie vor finden in den Dörfern und Kampungs Hahnenkämpfe statt, oft auch mit blutigem Ausgang. Nicht selten verwetten die ausschließlich männlichen Zuschauer dabei Haus und Hof – im wahrsten Sinne des Wortes. Das Schicksal des unterlegenen Hahns ist in jedem Fall besiegelt, denn auch wenn er den Kampfplatz lebendig verlässt, fällt er doch dem Besitzer (*Pekembar*) des siegreichen Tieres zu und bereichert in der Folge dessen Speiseplan.

Mit viel Sorgfalt und Geschick stellen die Bali traditionelle Aga Palmblatt-›Bücher‹ her

33 Tenganan

Ungewöhnliche Architektur und Sozialstruktur in dem abgeschotteten Bali-Aga-Dorf.

Wenige Kilometer westlich von Candi Dasa führt eine etwa 3 km lange Stichstraße nach Norden vor das Tor von Tenganan. Bretterbuden und Verkaufsverschläge säumen den viereckigen Platz vor dem Eingangstor. Anders als sonst auf Bali haben die hier lebenden **Bali Aga** ihr Dorf mit einem Palisadenzaun umgeben. ›Bali Aga‹ bedeutet ›die alten Balinesen‹ und bezeichnet die vorhinduistische Bevölkerung Balis. Sie blieben über Jahrhunderte hindurch unter sich, heirateten untereinander und bewahrten ihre Tradition. In Terunyan [Nr. 44] und Tenganan haben sich Reste dieser Bali-Aga-Bevölkerung erhalten. Die Menschen hier gelten als vermögend. Sie vermieten ihre Felder und verrichten selbst – soweit möglich – keine schwere körperliche Arbeit.

Um in das Dorf zu gelangen, zahlen ausländische Besucher Eintritt. In Hausbau und Anlage unterscheidet es sich von anderen balinesischen Orten. Zum einen sind die Häuser aus Stein errichtet, abgeschlossen auch gegen die Nachbarn hin. Zum anderen ziehen sie sich einzeilig entlang einer grob mit Steinplatten gepflasterten ›Hauptstraße‹. Sie ist vom Meer aus gesehen auf den göttlichen Berg Gunung Agung ausgerichtet. Am oberen Dorfende mündet der zentrale Weg in den großen Grasplatz vor der öffentlichen Schule. Ihr Bau ist ein Zugeständnis, das die Bali Aga dem indonesischen Staat schon im eigenen Interesse machen mussten.

An der Straße stehen einfache Tische, an denen junge Männer die Kunst der **Lontar-Herstellung** demonstrieren und fertige Manuskripte verkaufen. Dazu werden getrocknete Palmblätter eingeritzt, die Schnitte mit Muskatnuss gefärbt und die so entstandenen einzelnen Seiten

Die zurückhaltenden Bali Aga von Tenganan haben sich in den letzten Jahren zunehmend dem Tourismus geöffnet

Kilometerweit schweift der Blick von Tirta Gangga aus über das üppige, sanfte Umland ▷

schließlich zwischen zwei geschmückten Bambusrohrhälften aufgefädelt. Diese Buchäquivalente enthalten traditionellerweise Geschichten aus dem Ramayana bzw. Mahabarata, es sind Wedatexte, medizinische Anleitungen oder philosophische Überlegungen.

Neben den offenen Türen vieler Steinhäuser fordern Schilder die Besucher zum Eintreten auf. Man kann zum Teil die Häuser sogar besichtigen, bevor man im ersten Innenhof auf die Verkaufsausstellung von Webarbeiten stößt. Tenganan ist nämlich berühmt für seine **Ikat-Weberei**. Nur hier stellt man im aufwendigen Doppel-*Ikat*-Verfahren, bei dem Schuss- und Kettfäden vor dem Verweben eingefärbt werden, kunstvolle *Geringsing*-Stoffe her. Ein solches herrliches Tuch soll magische Kräfte besitzen und ist weit über Balis Grenzen hinaus sehr begehrt. Kein Wunder, wenn man bedenkt, dass eine Frau durchaus mehrere Jahre brauchen kann, um ein kompliziertes Muster in Handwebarbeit zu fertigen. Die gelungensten Stücke dienen zeremoniellen Zwecken, aber manche echten *Kamben geringsing* gelangen auch in den Verkauf – und der Preis dafür ist zu Recht enorm hoch.

Eine weitere Besonderheit der Bali Aga von Tenganan ist das jährliche Fest **Usaba sambah** im Juni/Juli. Als Höhepunkt schlagen zwei junge Männer mit dornigen Blättern aufeinander ein, geschützt jeweils nur durch einen kleinen runden Schild aus Palmbast und Büffelhaut. Dass während des Kampfes Blut fließt, ist beabsichtigt, denn damit sollen die Götter

Einst erhob sich in Ujung ein Wasserschloss, dessen Ruinen noch heute von seiner früheren Pracht künden

günstig gestimmt werden. Heutzutage sind Besucher zugelassen. Sie sollten sich aber dezent benehmen und möglichst im Hintergrund bleiben.

34 Amlapura

Einst Hauptstadt eines mächtigen Reiches.

Vor rund 150 Jahren hieß Amlapura noch Karangasem und war Hauptstadt des gleichnamigen Fürstentums. Das Reich von Karangasem bestand vom 17. bis ins 19. Jh. und war zeitweilig das mächtigste der ganzen Insel. Entsprechend prachtvoll war seine Kapitale, wie die beiden Paläste **Puri Gede** (Puri Agung Karangasem) und **Puri Kertasura** noch andeuten. Puri Gede, der ehem. Fürstenpalast nördlich der Stadtmitte, ist zwar heute etwas baufällig, lässt aber in Aufbau und Architektur den hier begründeten, stark strukturierten Baustil noch deutlich erkennen.

Gegenüber liegt der zweite Königspalast, der **Puri Kanginan** aus dem 20. Jh. Er zeigt ebenfalls Spuren beginnenden Verfalls, aber die interessante architektonische Mischung aus balinesischen, chinesischen und europäisch-niederländischen Einflüssen ist deutlich erkennbar. Leider ist nur der vordere Teil der Anlage zu besichtigen. Als im 19. Jh. die Niederländer einmarschierten, unterwarf sich der Raja von Karangasem und behielt daher seinen Titel. Aber man mutmaßt, dass er dadurch den Zorn der Götter auf sich und sein Land zog. Jedenfalls zerstörte 1963 der Ausbruch des Gunung Agung weite Teile der Stadt und verwüstete die Region. Zur Besänftigung der Götter und zur Irreführung der Dämonen benannten nach diesem Unglück die Bewohner ihre Stadt in Amlapura um. Es scheint funktioniert zu haben, denn heute ist Amlapura wieder ein blühendes Handelszentrum.

Taman Ujung

Anak Agung Anglurah Ketut, der letzte Raja von Karangasem, frönte noch im 20. Jh. seiner Lust an Wasserspielen und ließ 1919–21 rund 5 km südöstlich von Amlapura das **Wasserschloss** Taman Ujung (tgl. 8–17 Uhr) errichten. Leider überdauerte der Landsitz die Zeit bzw. den Ausbruch des Gunung Agung 1963 sowie das verheerende Erdbeben 1974 nicht unversehrt. In den Reisfeldern erinnern Fundamente und Ruinen an die vergangene Pracht und sind vor dem ruhigen Spiegel des Meeres sehr schön anzuschauen. Vor kurzem wurde das Wasserschloss rekonstruiert und in Teilen wieder aufgebaut.

ℹ Praktische Hinweise

Information
Government Tourist Office, Jl. Diponegoro, Amlapura, Tel. 03 63/211 96

![Im Jahre 1948 errichtete der letzte Raja von Karangasem die paradiesische Badestätte Tirta Gangga]

Im Jahre 1948 errichtete der letzte Raja von Karangasem die paradiesische Badestätte Tirta Gangga

35 Tirta Gangga

 Die einstige königliche Sommerfrische dient heute als Freibad.

Die Vorliebe von A. A. Anglurah Ketut, dem letzten Raja von Karangasem [s. S. 69], für das kühle Nass führte 1948 zum Bau der herrlichen **Wasserbecken** und der **Palastanlage** von Tirta Gangga (tgl. 7–18 Uhr). Von Amlapura aus kündigt nach etwa 5 km hinter dem Dorf Padangkerta links ein einfacher weißer Torbogen den Eingang an. Inmitten grüner Reisfelder und von einem steilen Hügel überragt, liegen mehrere z. T. offene Palastgebäude sowie drei große steinerne Becken.

Fantasievoll gestaltete Wasserspeier spenden Ströme von frischem, kaltem Quellwasser. In dem ersten Bassin planschen oft Kinder, aber eigentlich ist nur das zweite, hintere für Gäste zum Baden freigegeben. Das Bad (mit Umkleidekabinen) kostet zwar extra Eintritt, aber das Wasser ist so herrlich klar und kühl, dass man sich diese Erholung nicht versagen sollte. Vor der Anlage bieten mehrere kleine *Warung* Erfrischungen und Snacks an. Besonders schön ist es, der Straße etwa 200 m hügelaufwärts zu folgen und nach der großen Rechtskurve linker Hand die Stufen hinaufzusteigen. Knapp unterhalb der Hügelkuppe gelangt man an ein Restaurant-Hotel, von dessen Terrasse man einen wunderschönen Ausblick auf das Umland und auf Tirta Gangga genießt, der reichlich für den schweißtreibenden Aufstieg entschädigt.

ℹ Praktische Hinweise

Hotel

Kusumajaya Inn, auf dem Hügel über Tirta Gangga, Tel. 03 63/212 50, Restaurant tgl. 7–22 Uhr. Reizende Anlage mit 16 hübschen Bungalows ohne übermäßigen Komfort, aber mit unverstellter, atemberaubend weiter Fernsicht.

36 Besakih und Gunung Agung

Wichtigstes Hindu-Heiligtum der Insel am Hang des heiligen Berges.

Über 250 ha und sieben Terrassen erstreckt sich die **Tempelanlage** von Besakih in knapp 1000 m Höhe am Südhang des heiligen Vulkans Gunung Agung.

Jede balinesische Familie, jede Sippe hat hier ihren eigenen Schrein, dazu kommen die zahlreichen Tempel der Kasten, der Fürstenhäuser und der Berufsgilden. Als Zentrum der religiösen Verehrung auf Bali verdient Besakih seinen Ehrennamen **Muttertempel** aller balinesischen Tempel zu Recht. Den ersten Schrein soll im 8. Jh. der Mönch Dang Huang Markadeya begründet haben. Weitere Bauten folgten und im 14. Jh. galt Besakih den Fürsten von Gelgel bereits als Staatstempel.

Einmal im balinesischen Jahr zum **Bhatara-Turun-Kabeh-Fest**, steigen alle Götter vom Gunung Agung herunter und wohnen in ihren Schreinen in Besakih. Zu dieser Zeit kommen die Gläubigen zu Tausenden von der ganzen Insel beim Muttertempel zusammen, um ihre kunstvoll aufgeschichteten, farbenprächtigen Opfergaben darzubringen und zu beten. Und tatsächlich scheinen die Götter schützende Hände über ihre wichtigs-te Wohnstatt auf Bali zu halten. Als 1963 der Gunung Agung mit verheerender Gewalt ausbrach, nahm einer der Lava-ströme seinen Weg direkt auf Besakih zu. Doch kurz bevor er die obersten Tempel des Heiligtums erreichte, trennte sich die glühende Flut und floss rechts und links um Besakih. Die Anlage blieb im Wesentlichen unversehrt.

Die Straße von Klungkung nach Besakih hinauf ist anfangs recht gut. Es gibt sogar einige Parkbuchten, von denen aus man weit in die Ebene und über das Meer sehen kann. Nach dem ersten Mautposten aber, wenn links der Weg nach Kintamani abzweigt, werden die Schlaglöcher immer häufiger.

Vor dem Eingang zum eigentlichen **Tempelgelände** von Besakih (tgl. 8–17 Uhr, extra Entgelt für Videokamera) erstreckt sich ein großer Parkplatz, dann geht es nur zu Fuß weiter. Gleich hinter

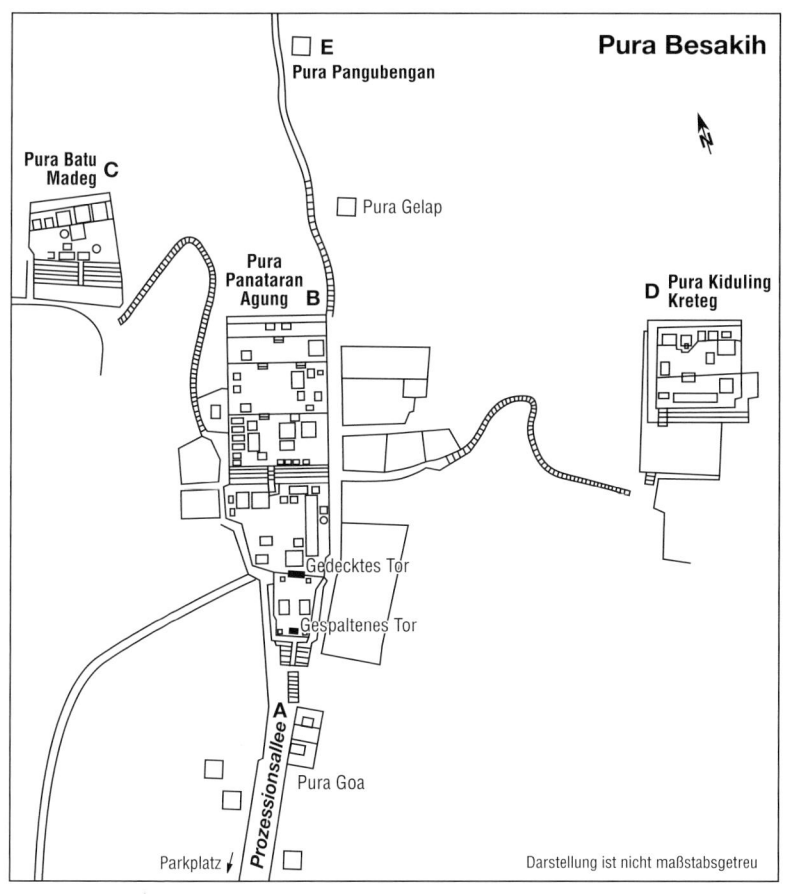

dem Kassenhäuschen warten Scharen von *Führern*. Es besteht weder Verpflichtung noch Notwendigkeit, einen zu engagieren, stimmt man jedoch zu, muss man unbedingt vorher einen Preis aushandeln. Anders als sonst auf Bali können diese Männer in Besakih am Ende des Rundgangs sonst sehr aggressiv und fordernd werden. Es wird empfohlen, sich nur offiziellen Führern anzuvertrauen, die an ihrem Abzeichen und dem schwarzweiß karierten Hemd zu erkennen sind.

Stetig verläuft der zunächst breite, mit Granitplatten gepflasterte Weg bergan. Er wird an Festtagen als **Prozessionsallee** [A] genutzt und führt direkt auf den zentralen **Pura Panataran Agung** [B] zu. Er ist Shiva geweiht, als dessen Farbe Weiß gilt. Dieser ›Große Staatstempel‹ besteht wiederum aus einer Fülle einzelner Bauten, aus Türmen, Hallen und Opferplätzen.

Zusammen mit den beiden Nachbartempeln steht er für die göttliche Dreieinigkeit Trimurti: Die westliche Anlage des **Pura Batu Madeg** [C] mit den überwiegend schwarzen *Umbul*-Fahnen ist Wishnu zugeordnet, in dem rot geschmückten **Pura Kiduling Kreteg** [D] im Osten wird Brahma verehrt.

Zwischen diesen drei Tempelkomplexen teilt sich der Weg, um beidseits über diverse Höfe weiter bergan zu steigen. Der Zugang zu den eigentlichen Heiligtümern ist Fremden untersagt, aber über die oft nur hüfthohen Mauern sind viele der Vorhöfe und offenen Schreine gut zu überblicken. Je höher man kommt, desto weiter ist der Blick über das Meer von Türmen und Dächern der Anlage und das sich südlich ausbreitende Tiefland.

Oberhalb des ausgedehnten Pura Panataran Agung vereinen sich die Wege

Ein Wald von Türmen – stolz und elegant erheben sich die zahlreichen Mehru von Besakih, Balis bedeutendster Tempelanlage

Meist geheimnisvoll in Wolken gehüllt: Der Vulkan Gunung Agung, mit 3142 m höchster Berg Balis, wird als Sitz der Götter verehrt

wieder. Ein schmalerer Steig führt weiter bergan, an *Warungs* vorbei bis zum ganz oben gelegenen **Pura Pangubengan [E]**, dessen Aufgang zwei steinerne *Naga*, mythische Schlangen, bewachen.

TOP TIPP Zauberhaft schön ist von hier oben der **Ausblick** über **Besakih**. Direkt zu Füßen liegt die Tempelanlage, die palmblattgedeckten Spitzen unzähliger *Meruh* ragen auf und bunte *Umbul*-Fahnen flattern im Wind. Weiter unten breitet sich Klungkung aus, dahinter verschmilzt das Meer mit dem Horizont.

Für den Aufstieg sollte man genügend Zeit einplanen, denn der Weg in der Hitze ist anstrengend. Erfrischung offerieren fliegende Händler, die allenthalben gekühlte Getränke und Wasser anbieten.

Gunung Agung

Der vom Pura Pangubengan weiter bergauf führende Weg verengt sich immer mehr und erreicht schließlich als ausgetretener Pfad den 3142 m hohen **Gipfel** des Gunung Agung. Man rechnet gute 7 Std. für den Auf-, 5 Std. für den Abstieg. Es gibt keine Schutzhütten für die Übernachtung, die Tour muss also an einem Tag absolviert werden. Diese Wanderung sollte sehr früh am Morgen, am besten noch in der Nacht begonnen werden. Bergsteigerisch sind keine ausgeprägten Erfahrungen nötig, wohl aber gute Kondition, eine solide Ausrüstung und ein geländekundiger Führer.

Statt über Besakih führt eine zweite mögliche Route von Süden auf den heiligen Berg. Sie beginnt in dem Dörfchen **Sebudi**, und der Aufstieg soll ganze 2 Std. kürzer sein. Sebudi hat sich mittlerweile auf seine neue Rolle als Basislager eingestellt und bietet den Gipfelstürmern alles Nötige, inklusive Führer. Weitere mögliche Ausgangspunkte für eine Gipfeltour sind die Dörfer *Selat*, *Dukuh* oder *Tirtagangga* und *Ahabi*.

ℹ️ Praktische Hinweise

Restaurant

Bukit Jambul, Jl. Besakih (auf halbem Weg zwischen Klungkung und Besakih), Tel. 03 61/353 70, Fax 03 61/333 86. Großes Restaurant (500 Plätze). Gehobene Preisklasse, aber schon die grandiose Fernsicht macht den Stopp zu einem Muss. Kulinarischer Höhepunkt ist *Gurami goreng*, gegrillter Süßwasserfisch.

Der Norden –
Wassersport und schwarzer Sand

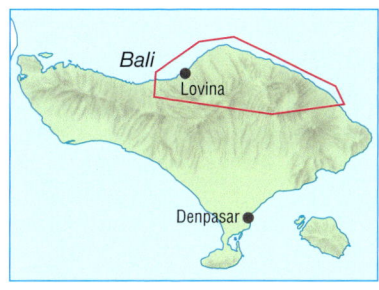

Bali
Lovina
Denpasar

Eines der bekanntesten Tauchzentren der Insel liegt vor **Tulamben**, wo neben einem Riff ein Schiffswrack zur Erkundung einlädt. Städtisches Zentrum des Nordens ist die alte Hauptstadt **Singaraja**. In ihrem Westen erstrecken sich die schwarzsandigen Vulkanstrände von **Lovina**, das von Delphinbeobachtungen bis Wassersport alles bietet, was das Urlauberherz begehrt. Sehr reizvoll sind auch Ausflüge in die Berge. Die Ausblicke sind zum Teil atemberaubend schön, sehenswerte Dörfer und Heiligtümer wie die Tempel **Ulun Danu Batur** und **Ulun Danu Bratan** liegen zwischen gleichnamigen Seen und Vulkanen. Auch die beiden kleineren Seen **Buyan** und **Tamblingan** lohnen nicht zuletzt wegen ihrer malerischen Umgebung mit terrassierten Gewürzplantagen einen Besuch.

37 Tulamben

Riff- und Wracktauchen in Begleitung von Doktorfischen und Schwarzspitzenriffhaien.

Tulamben ist als guter Tauchgrund bekannt. Diesen Ruf verdankt das Dörfchen seinen Korallengärten sowie dem Wrack der **U. S. S.** Liberty, die 1942 vor der Küste auf ein Riff lief und sank. Heute ist das in zwei Teile zerbrochene Handelsschiff über und über mit Seeanemonen, Korallen und Schwämmen bedeckt – auch für Tauchanfänger ein empfehlenswerter Ausflug.

Wer nicht taucht oder schnorchelt, findet in Tulamben kaum Abwechslung. Der Ort besteht aus wenigen Häusern, die meisten davon an der Stichstraße zum Meer als *Losmen* oder Hotels ausgewiesen; die Gegend ist spärlich bewachsen und karg. Der **Strand** mit den großen schwarzen Kieseln ist zwar sehr schön anzuschauen, aber Laufen und Liegen fällt auf den Steinen schwer. Die dunkle Farbe absorbiert überdies schon früh die Tageshitze, was bereits am späten Vormittag einen Aufenthalt am ungeschützten

◁ **Oben:** *Rund um den Gunung Batur präsentiert sich Bali von einer ganz anderen, urtümlicheren Seite.*
Unten: *Beach-life – die Nordküste bietet schöne, schwarzsandige Strände*

Meeresufer unmöglich macht. Stellenweise ist die **Landschaft** um Tulamben noch heute von den Auswirkungen des Vulkanausbruchs von 1963 geprägt, auch wenn tropisches Grün die grau-schwarzen felsübersäten Lavaflächen größtenteils zurückerobert hat.

ℹ Praktische Hinweise

Hotels
Alam Anda, Sambirenteng, Tejakula (auf halbem Weg zwischen Culik und Tulamben), Tel. 03 62/75 22 96. Haus am Strand, mit Diving Center, auf Unterwassersport spezialisiert. Ausrüstungsverleih.

Emerald Tulamben Beach, Tulamben, Tel. 03 62/224 90. Freundliches Strandhotel für Taucher und Schnorchler, mit Restaurant.

38 Kubutambahan

Fruchtbarkeitstempel mit dem meistfotografierten Radfahrer Balis in einem Seitenfries.

Der **Pura Meduwe Karang** in Kubutambahan ist ein dem Fruchtbarkeit spendenden Erdgott geweihtes Heiligtum und als solches von zentraler Bedeutung. Man sagt, er stehe unterirdisch mit dem Muttertempel Besakih in Verbindung. Entsprechend prächtig bietet sich der auf

Stufen erhöhte Tempel dar. Die Höfe sind nicht hintereinander angeordnet, sondern ineinander verschachtelt, d.h. der größte Hof umschließt den nächstkleineren – eine auf Bali ungewöhnliche Anordnung. Wie die meisten Tempel des Nordens ist auch der Pura Meduwe Karang über und über mit Steinmetzarbeiten verziert. Zu wahrer Berühmtheit gelangte das Relief eines **Fahrrad fahrenden Balinesen** an der nördlichen Seite des Hauptschreins. Das Original von 1904 zeigte noch einen Europäer, wurde aber während eines Erdbebens 1917 zerstört. Bei der anschließenden Restaurierung erhielten der Radler sein heutiges balinesisches Aussehen und die Räder ihre Blütenform. Die Inspiration zu dieser Darstellung soll von dem niederländischen Ethnologe W. O. J. Nieuwenkamp (1874–1950) ausgegangen sein, der um 1904 Bali mit dem Fahrrad bereiste. Dieses bis dato unbekannte Gefährt faszinierte die Balinesen derart, dass sie es auf den Tempelmauern verewigten.

Schon am Kassentischchen in der offenen Gamelanhalle fangen kleine Jungen Besucher ab. Mit den Rufen ›Bicycle, bicycle!‹ wollen sie sofort die Führung zu dem bekannten Fries übernehmen. Der Radfahrer ist tatsächlich hübsch anzuschauen, zumal ihm meist eine frische *Frangipani*-Blüte hinter das steinerne Ohr gesteckt wird. Aber auch die anderen **Reliefs** sind sehenswert und in den Details ihrer Darstellungen sogar informativer und interessanter. Da sieht man blühende Landschaften, Reisbauern bei der Arbeit sowie nicht zuletzt – immerhin handelt es sich um einen Fruchtbarkeitstempel – erotische Szenen, fantasievoll ausgeschmückt und doch sehr realistisch.

39 Sangsit

Wichtiger Fruchtbarkeitstempel zu Ehren der Reisgöttin.

Das Dorf Sangsit, 4 km östlich von Singaraja, beherbergt mehrere Tempel, darunter mit dem **Pura Beji** einen der bedeutendsten Nordbalis, dessen Tempel der Fruchtbarkeitsgöttin Sri Dewi gewidmet sind. Das kleine Heiligtum liegt rechts an einer schmalen, vom Dorfkern nordwärts führenden Straße. Einige alte, knorrige Bäume spenden nur kärglichen Schatten, die steinernen Reliefs und Figuren sind zum Teil schon sehr verwittert.

Ein prächtiges, reich verziertes steinernes **Tor** mit Resten früherer Bemalung führt in die Höfe mit einem Haupt- und zwei Seitentempeln. Es ist nicht erlaubt, die Stufen des Hauptheiligtums zu betreten, die 5 m nach oben zu einer mit üppigen Schnitzereien verzierten, geschlossenen Holztür führen. Dahinter liegt der Schrein der Göttin, die als Steinfigur über dem Portal thront. Nur zur jährlichen *Bukakak-Zeremonie* holen Priester eine Statue von Sri Dewi aus dem Allerheiligsten hervor und zeigen sie den versammelten Gläubigen.

Der berühmteste Radfahrer Balis – Relief am Pura Meduwe Karang in Kubutambahan

Als ›Balinesischer Barock‹ wird der Baustil im Norden Balis wegen seiner überbordenden Üppigkeit bezeichnet – hier der Tempel von Sangsit

40 Jagaraga

Totentempel mit modernen Reliefs.

Nur wenig östlich von Sangsit zweigt eine schmale Straße über den Weiler Bungkulmindah südwärts ab. Nach etwa 2 km holpriger Fahrt sind die wenigen Häuser von Jagaraga erreicht. Das verschlafene Dorf lohnte kaum den Abstecher, wäre da nicht gleich beim Ortseingang links der **Pura Dalem Jagaraga**, der Totentempel. Er wurde Ende des 19. Jh. erbaut, nachdem sich niederländische Truppen 1849 in der Nähe mit einheimischen Freischärlern Scharmützel geliefert hatten. In den Kämpfen war der

›Rundäugiger‹ Holländer im Auto – die Tempelreliefs in Jagaraga sind karikaturistisch

Passagiere im Pick up – das balinesische Kastenwesen ist weniger rigide und lässt mehr Freiräume zu als beispielsweise das indische

Platz in der Gesellschaft

Das balinesische Kastenwesen führte nie zu so strenger sozialer Trennung wie etwa das indische. Trotzdem ist es nach wie vor wichtig, in welche Kaste man geboren wird. Die rund 5 % der balinesischen Gesellschaft, die den drei höheren Kasten (*Triwangsa*) der **Brahmanen**, **Ksatria** und **Waisya** angehören, können oft auf materielle Vorteile und bessere Ausbildung bauen. Entsprechend häufig besetzen sie führende Positionen in Verwaltung, Tourismus und Handel. Sie sind auch an ihren Titeln zu erkennen: Anak Agung (A. A.) bzw. Frauen Anak Agung Ayu (A. A. A.) für Brahmanen, Ida Bagus (I. B.) oder Ida Ayu (I. A.) für Ksatria, und Gusti Agung bzw. Gusti Ayu (G. A.) schließlich bilden die Waisya.

Die restlichen 95 % der Balinesen gehören zu den **Sudra**, auch Jaga genannt. Durch alle Gesellschaftsschichten erhalten balinesische Kinder zu ihrem eigenen Namen einen, der sich auf ihre **Reihenfolge** unter den Geschwistern bezieht. Das erste Kind heißt Wayan, Putuh oder Luh, das zweite Made, Kadek oder Nengah, das dritte erhält den Namen Komang oder Nyoman und das vierte Ketut. Beim fünften Kind beginnt man wieder mit Wayan etc. So erklärt sich auch die auffällig große Zahl von Mades oder Ketuts, denen man auf Bali allenthalben begegnet. Die offiziellen Namensteile ›Ni‹ für Frauen und ›I‹ für Männer dienen nur formellen Zwecken; sie sind nicht Bestandteil einer Anrede.

alte Tempel zerstört worden. Beim Wiederaufbau ließen die Steinmetzen oft auf karikierende Weise ihre schlechten Erfahrungen mit den Holländern einfließen. So zeigt heute die hüfthohe, schlangengekrönte Umfassungsmauer Reliefs von Autos und Flugzeugen, von bewaffneten, langnasigen Banditen und trinkenden, bärtigen Soldaten. Die Darstellungen sind alle im balinesischen Stil gehalten und nehmen sich neben den bekannten

Dämonen- und Wächtergestalten kurios und ungewöhnlich aus. Im **zweiten Hof** des kleinen Pura Dalem stehen rechts und links zwei bemalte Opfertische. Den einen zieren Abbildungen eines pfeilbewehrten Ardjunas (einer Figur aus dem Mahabarata-Epos) und von Dewi Sinta, den anderen Bilder einer eindrucksvollen Dämonenschlacht sowie die Szene aus dem Ramayana, in der Rama und Laksmana den Hirsch jagen.

41 Penulisan

Bedeutendes und höchstgelegenes Bergheiligtum der Insel.

Von Norden her kommend, fährt man auf gut ausgebauten Straßen auf Kintamani und den 1717 m hohen Gunung Batur zu. Der Weg schlängelt sich malerisch durch Reisfelder, dichtgrünen Wald und kleine Dörfer in die Berge. Es wird deutlich kühler und oft ziehen Nebelschwaden durch den grünen, von Bananenpflanzungen, Mango, Tabak, Hibiskus, Kakao und Kaffee durchsetzten **Mischwald**. Am Straßenrand sieht man immer wieder kleine Steinbrüche, in denen von Hand roter Fels abgebaut wird.

Überraschend macht in einer scharfen Rechtskurve auf einem Pass der dichte Wald einer kleinen, von *Warungs* und Buden umstandenen Schotterfläche Platz. Hier geht es links zum **Pura Tegeh Kuripan** hinauf. Es scheint, je bedeutender ein Tempel ist, umso höher müssen Besucher hinaufsteigen. So gilt es auch hier, erst einmal die Treppenflucht zu überwinden. Von unten ist ein Ende der von Kiefern und Thujen eingerahmten Steinstufen nicht abzusehen. Immer wieder laden Absätze zu einer kleinen Verschnaufpause ein, aber man sollte der Versuchung widerstehen und sich auf der Treppe noch nicht zum Tal umdrehen. Wenn man alle 266 Stufen bis zum Tempelvorplatz erklommen hat, öffnet sich oben ein weiter, schöner **Ausblick**. Über die Baumwipfel hinweg kann man bei schönem Wetter bis zur Küste von Singaraja und zum Danau Bratan sehen, alles wirkt grün und erhaben, der alte Baumbestand verstärkt die feierliche Stimmung.

Einen Wermutstropfen in der Schönheit der Natur stellen lediglich die vier Funkmasten dar, die hinter schmucklosen Vorratshallen und Steinschreinen sogar die höchsten Gipfel und Wipfel überragen, und der darunter sichtbare Antennenwald kann es an Anmut keinesfalls mit der umliegenden Landschaft aufnehmen.

Zum eigentlichen **Heiligtum** geht es vom Vorplatz südlich weitere 67 Stufen hinauf. Hinter den Tempelmauern sind auf dem flachen, 1745 m hohen Gipfel 19 *Meruh* errichtet. Als größte Kostbarkeit beherbergen sie zahlreiche heilige Steinskulpturen, die teilweise bis zu 1000 Jahre alt sein sollen, darunter viele längliche, mit gelben und weißen Schärpen versehene *Lingga* und *Yoni*. Diese Steine gelten als Sinnbilder des Männlichen und Weiblichen. Bei manchen Formen erkennt man deutlich, warum.

Vom *Bale gong*, dem zentralen Vorplatz, führt rechts ein unbefestigter Pfad an der hinteren Hügelflanke über das Dorf Penulisan zurück ins Tal.

Vom Pura Ulun Danu Batur aus genießt man einen herrlichen Blick in die Berge

Festtagsvorbereitungen vor dem prächtigen Tempel von Kintamani

42 Kintamani

Reizvoll am Rand der Kratersenke des Gunung Batur gelegenes Bergdorf.

Hübsch zieht sich die asphaltierte Straße durch das lang gezogene Dorf. Am nördlichen Ortsende glänzt die **Al-Mujahirin-Moschee** im Schmuck ihrer Zink-Kuppeln. Das nach dem letzten großen Ausbruch des Gunung Batur im Jahr 1963 an dieser Stelle am Kraterrand neu gegründete Kintamani gilt als wohlhabend. Es ist auf ganz Bali für die auf der Insel ungewöhnliche Zucht seiner wachsamen, treuen Kurzhaarhunde bekannt.

Touristen legen in dem Ort gerne eine Rast ein, um den herrlichen Ausblick auf den mächtigen Kraterkessel zu genießen.

Links ragen die beiden Gipfel des **Gunung Batur** auf, dessen linke Flanke noch grau-schwarze Asche-, Lava- und Geröllflächen vom Vulkanausbruch 1963 zeigt, die jedoch zusehends kleiner werden. Rechts glänzen tief unten die Wasser des Danau Batur. Entlang des Caldera-Randes haben sich viele Restaurants angesiedelt, von deren Terrassen aus man die prächtige Aussicht trefflich genießen kann. Die Preise sind entsprechend.

Mitten im Dorf liegt eine wichtige Tempelanlage des balinesischen Nordens, erst 1929 errichtet und zusammengefasst unter dem Namen **Pura Ulun Danu Batur** (auch *Ulun Danau*). Die zahlreichen Bauten gruppieren sich um einen elfstufigen *Meruh*, der Dewi Danu, der Göttin der Seen und Flüsse, geweiht ist.

Vor dem Haupttempel wird Eintritt erhoben, und man kann sich eine Schärpe ausleihen. Die rechts daneben liegenden Tempel *Pura Penataranpande*, *Pura Tulik Biyu Batur* und *Pura Dalem Purwa* werden meist wenig beachtet, obwohl auch ihr Inneres z. T. sehr interessant ist.

Durch ein üppig geschnitztes, goldverziertes Eingangstor betritt man den Tempel. Im zweiten Hof finden sich mehrere reich mit Steinmetzarbeiten geschmückten Häuser sowie ein neunstufiger *Meruh*, dessen Tür besonders schön mit Schnitzwerk verziert ist. Weitere solcher Meisterwerke kann man in den anschließenden Höfen besichtigen. Sie sind aufwendig in Rot und Gold bemalt und werden zum Teil von vorgesetzten Glastüren geschützt, die nur zu den Zeremonien entfernt werden. Auch ansonsten ist der Tempel reich ausgestattet: Bunt bemalte, geflügelte Dämonenfiguren und stilisierte Schlangen bewachen die Schreine. Vom hinteren Rand des Pura hat man über die hier nur noch brusthohe Umgrenzungsmauer hinweg einen herrlichen Panoramablick auf Gunung und Danau Batur.

ℹ️ Praktische Hinweise

Restaurants
Mittagsbuffet mit großartiger Aussicht z. B. bei **Suling Bali** oder **Gunawan**, an der Hauptstraße von Kintamani.

43 Penelokan und Danau Batur

Beliebter Ausflugsort vis-à-vis des Gunung Batur, hoch über dem Danau Batur.

Von Kintamani sind es nur noch 3 km nach Penelokan, *dem* touristischen Ziel am Danau Batur, das aber selbst keine Sehenswürdigkeiten zu bieten hat. Der Ortsname bedeutet soviel wie ›schöne Aussicht‹ – und das ist es auch, was die Besucher hierher lockt. Fahrer von Privatfahrzeugen müssen vor Penelokan eine Gebühr für die Weiterfahrt entrichten. Davon sollte man sich aber nicht abhalten lassen, denn von der balustradenbestandenen Hauptstraße aus ist der **Panoramablick** über **Penelokan** einfach großartig: Der Batursee mit seinen grünblauen Wassern liegt einem zu Füßen, Fischerboote ziehen ihre Bahn, am Ufer sind einzelne Dörfer deutlich auszumachen, nachmittags überschattet vom 1717 m hohen Gunung Batur, dem zweiten heiligen Berg der Insel.

Am Rand der 14 km breiten Caldera reihen sich große Hotel- und Restaurantbauten aneinander, die Straßen sind gut ausgebaut und erlauben auch großen Ausflugsbussen genügend Bewegungsfreiheit. Flanierende Touristen sind stets belagert von einer Schar fliegender Händler, die Postkarten, Hüte und hand-

Bis zu 90 m tief ist der prachtvoll gelegene und verheißungsvoll blau schimmernde Kratersee des Gunung Batur

geschnitzte Schachspiele anbieten. Entlang der in den Felsen gebauten Hauptstraße wechseln sich Souvenirshops mit Verkaufsbuden und Obstständen ab. Der touristische Trubel ist ungeheuer und in dieser Massierung nach der Anfahrt durch die eher einsam wirkenden Berge unerwartet und schockierend. Trotzdem kann man sich der Schönheit der Landschaft nicht entziehen, der Ausblick ist einfach zu prachtvoll!

Es lohnt sich, der vielfach gewundenen, schmalen Asphaltstraße zum See hinunter ins Dorf Kedisan zu folgen. An der **Bootsanlegestelle** hat man weitere Gelegenheit, Souvenirs zu erstehen. Man kann aber auch ein Boot nach Terunyan [Nr. 44], zu den heißen Quellen von **Toyah Bungkah** am Westufer oder einfach für eine Seerundfahrt mieten.

ℹ Praktische Hinweise

Information
Yayasan Bintang Danu, Penelokan (gegenüber Abfahrt zum See), Tel. 03 66/517 30. Privates Informationsbüro.

Hotel
Lakeview, Penelokan, Tel. 03 66/513 94, Fax 03 66/514 64. Großes Hotel unmittelbar am Kraterrand. Restaurant im Haus. Fahrradverleih für Gäste.

Restaurants
Batur Garden, Penelokan. Gut essen am Rand der Kratersenke. Passend zu dem fantastischen Seeblick gibt es als Hausspezialität Fisch-Sate Batur Special.

Gigantisch und bizarr: Banyanbäume – wie hier in Terunyan – gelten als heilig

Puri Sanjaya, Penelokan, Tel. 03 66/510 92. Beliebtes Ausflugsrestaurant gleich am Beginn der Caldera-Promenade, mit großer Aussichtsterrasse.

Triguva Jaya, Penelokan, Tel. 03 66/510 31. Großes Touristenrestaurant auf einem Hügel am nördlichen Ortsrand.

44 Terunyan

Das abgeschiedene Bali-Aga-Dorf öffnet sich Besuchern nur zögerlich.

Niemand kann sich erinnern, dass je eine Straße nach Terunyan ans Ostufer des Danau Batur geführt hätte. Mittlerweile ist zwar vom 3 km entfernten Nachbardorf Abang ein schmaler Pfad ausgetreten, doch die traditionelle Zufahrt führt immer noch über den See: Von Kedisan unterhalb Penelokans aus erreicht man mit dem Boot in einer guten halben Stunde das Dorf am Fuß des Abang-Hügels. Dessen Bewohner gehören zu den **Bali Aga**, den ›alten Balinesen‹, die ihre Tradition und Bräuche in dieser Abgeschiedenheit lange unbeeinflusst von der Außenwelt beibehielten [vgl. Nr. 33].

Hier fasste auch der Hinduismus nie richtig Fuß, darum kennen die Bali Aga beispielsweise keine Kasten. Die Religion der ›Alten‹ blieb eine synergetische Mischung aus Ahnenverehrung, Animismus und Hinduismus. Darauf gründet sich auch die ungewöhnliche Art der **Totenbestattung** (*Mepasah*), für die Terunyan berühmt wurde. Die Verstorbenen werden weder verbrannt noch beerdigt, sondern auf einem Stück Land etwas oberhalb des Dorfes in Decken gehüllt auf die Erde gelegt und so der Verwesung überlassen. Dieser Friedhof ist wiederum nur mit einem Boot zu erreichen, aber deswegen keinesfalls vor Besuchern sicher. Junge Männer in Terunyan selbst bieten an, Touristen dorthin überzusetzen. Die älteren Dorfbewohner sehen das aber nicht gerne, wie sie überhaupt dem zunehmenden Zustrom fremder Besucher in ihr Dorf skeptisch gegenüberstehen, so dass sich manche Besucher unwillkommen fühlen.

Zentrum des Dorfes ist der einfache *Pura Puser Ing Jagat*, in dem eine 4 m hohe Statue von Da Tonta, dem Gottes aller Naturgewalten, verehrt wird. Die Tempelanlage ist für Fremde jedoch nicht zugänglich.

Die chinesische Bevölkerung von Singaraja schuf sich mit dem kleinen Konfuzius-Tempel ihr eigenes Glaubenszentrum

45 Singaraja

*Die betriebsame Hafenstadt ist Dreh-
und Angelpunkt des Nordens.*

Vor rund 150 Jahren war Singaraja noch die Kapitale der mächtigen Fürsten von Buleleng. Auch die Holländer nutzten die Hafenstadt bis 1945 als Verwaltungszentrum. Später übernahm Denpasar diese Funktion. Doch noch immer ist die ›Stadt des geflügelten Löwen‹ Distrikthauptstadt von Buleleng und wirtschaftliches Zentrum des Nordens. Singaraja beherbergt in der Jl. Veteran 20 mit der **Gedong Kirtya** (Mo–Do 7–14.30, Fr 7–12, Sa 7–13 Uhr, Tel. 03 62/226 45) die bedeutendste *Lontar*-Bibliothek der Welt [vgl. Nr. 33]. In länglichen Zinkschachteln lagern 5000 dieser Palmblatt-Manuskripte (*Prasi*), ergänzt durch rund 8000 westliche Bücher in indonesischer und niederländischer Sprache. Im Vorzimmer sind Gelehrte und Lernende damit beschäftigt, die *Lontar*-Blätter zu kopieren und zu studieren. Meist handelt es sich um Kopien der Originale, die von Brahmanen in den Dörfern aufbewahrt werden. Auf diese Art werden die Geschichten aus dem Mahabarata und dem Ramayana, philosophische und erbauliche Texte sowie Abhandlungen zur Pflanzenmedizin seit über 1000 Jahren weitergegeben.

Das unscheinbare Bibliothekshäuschen gehört zum nebenan liegenden Komplex des früheren niederländischen Gouverneurspalastes, in dem heute die Touristeninformation des Bezirks Buleleng ihren Sitz hat.

Nicht weit davon – östlich der Kreuzung mit der bemerkenswerten **Singa-Ambara-Raja-Statue** (geflügelter Löwe auf Lotosblüte) – liegt der **Stadtpalast** der ehem. Fürstenfamilie. Besucher sind willkommen, sollten aber zurückhaltend auftreten, denn es handelt sich um ein Privathaus. Im Hof spenden alte, knorrige *Sawo*-Bäume angenehm kühlen Schatten. Sehenswert sind rechter Hand in

Studienobjekte – die weltweit bedeutendste Lontar-Bibliothek in Singaraja bewahrt wertvolle alte Schriften auf

einer offenen Veranda Originalfotografien, die die fürstliche Familie und die versammelten Rajas von Bali im Jahr 1938 zeigen. In der großen, ringsum offenen, aber mit Maschendraht umgebenen *Bale gede* werden wichtige familiäre Zeremonien und Feiern abgehalten und Tote vor der Verbrennung aufgebahrt.

Im Stadtzentrum fällt in der Jalan Pramuka der große **Pura Jagat Natha** aus schwarzem Stein auf. Er wurde 1992 nebst städtischen Schulen auf dem offenen Gelände des damaligen Sport- und Fußballplatzes errichtet.

Auf der Meerseite der Stadt steht unübersehbar das Unabhängigkeitsdenkmal **Yudha Mandala Tama**. Geradezu trutzig erhebt es sich am Eingang zum **Bekas Pelabuhan**, zum Alten Hafen. Hier ist nicht mehr viel los, einige Fischerboote sind auf den dunklen Strand aus schwarzem Sand und Kieseln heraufgezogen worden. Ein kurzer Spaziergang auf der Kaimauer zwischen dem Meer und den alten Lagerhäusern ist jedoch angenehm und stimmungsvoll. Den Schiffs- und Frachtverkehr hat mittlerweile der neue Hafen *Celukan Bawang* 40 km westlich übernommen.

Bevor man über die Brücke aus der holländischen Kolonialzeit das alte Hafengelände wieder verlässt, zieht rechts in der Jalan Erlangga der chinesische Konfuziustempel **Tempat Ibadat Tri Dharma Ling Gwan Kiong** mit seiner leuchtend roten Gittertür die Aufmerksamkeit auf sich. Man kann ihn ohne besondere Kleiderordnung besuchen und vor den religiösen Wandmalereien Kerzen oder Räucherstäbchen opfern. Da Chinesen in der lebhaften Hafenstadt gute Handelsmöglichkeiten fanden, siedelte sich eine kleine Gemeinde in dieser Region an.

Bemerkenswert ist schließlich noch am westlichen Stadtrand an der Ausfallstraße nach Lovina das **Sapi-Gerumbungan-Denkmal**. Es zeigt zwei wetteifernde Ochsengespanne. Solche Ochsen- oder Wasserbüffelrennen finden noch heute in den Bezirken von Buleleng und Negara statt, bevor die neue Saat ausgebracht wird [s. S. 98 f.].

In dem südlichen Vorort **Beratan** wird in den kleinen Handwerksbetrieben der Jalan Mayor Metra Gold und Silber verarbeitet. Hier ist man nicht so auf Touristen eingestellt wie etwa in Celuk, was aber einen Besuch nicht weniger interessant macht – im Gegenteil.

ℹ Praktische Hinweise

Information

Government Tourism Office, Dinas Pariwisata Daerah, Jl. Veteran 23 (Komplex Sasana Budaya), Singaraja, Tel. 03 62/251 41, www.northbalitourism.net

Hotel

✸✸ **Wijaya**, Jl. Jendral Sudirman 74, Singaraja, Tel. 03 62/219 15, Fax 03 62/258 17. Solides Mittelklasse-Hotel mit Restaurant am westlichen Stadtrand.

46 Gitgit

 Höchster Wasserfall der Region bei nettem kleinem Bergdorf, 11 km südlich von Singaraja.

Vom Dorf aus ist der Weg zum **Wasserfall** (tgl. 8–17.30 Uhr) nicht zu verfehlen. Er zweigt von der Hauptstraße ab und führt zunächst als gepflasterter, stets ca. 1 m breiter Pfad über einige Stufen talabwärts. Hinter dem Kassenhäuschen überquert er einen Bergbach, schlängelt sich äußerst reizvoll durch Reisfelder und führt kurz vor dem Ziel durch ein Waldstück nochmals bergab. Insgesamt ist es ein sehr hübscher, gut 15-minütiger Spaziergang, wenn man nicht unterwegs in einem *Warung* Rast macht.

Noch bevor man den Wasserfall sieht, kündigen ihn moosbewachsene Felsen und ein feiner, kühler **Sprühnebel** an. Aus der Höhe ergießt sich ein recht schmaler, aber kräftiger Strahl in ein felsiges Becken, an dessen Rand zwei wacklige hölzerne *Pondok* stehen. Unten haben sich zwischen großen Felsbrocken ruhige, natürliche Badebassins gebildet. Das Wasser ist klar und ein Bad sehr erfrischend. Man sollte es aber nicht trinken. Sogar die Einheimischen warnen vor dem ›Bali belly‹, wie Magen-Darm-Erkrankungen auf Bali genannt werden.

ℹ Praktische Hinweise

Information

Tourist Information, li. am Anfang des Pfades zum Wasserfall, Mo–Sa 8–15 Uhr

Hotel und Restaurant

Gitgit Hotel, Jl. Raya Bedugul, Gitgit, Tel./Fax 03 63/262 12. Einfaches Restaurant und Hotel mit sehr zuvorkommendem und aufmerksamem Service.

Am Tamblingansee, inmitten der bewaldeten Berge, wähnt man sich fast im fernen Europa

47 Yehketipat

Heilige Affen und herrliche Aussicht.

Ein beliebter Stopp auf der Strecke zwischen Gitgit und Bedugul befindet sich hinter dem Dorf Yehketipat, wo die Straße steil abwärts führt. Über mehrere hundert Meter stehen die Bäume auf der Talseite etwas lichter und geben eine wunderschöne Aussicht auf den unten liegenden **Danau Buyan** mit umliegenden Terrassen und Feldern. Die friedliche Szenerie wird auf der anderen Seeseite überragt von den Gipfel des 1860 m hohen grünen Gunung Lesong.

Die heiligen **Affen**, die den Wald aus Riesenfarnen und *Paku-nagh*-Bäumen bevölkern, haben sich bereits an die Besucher gewöhnt. Bereitwillig kommen sie herbei, um gefüttert zu werden, sind aber bei weitem nicht so zudringlich wie ihre Verwandten in den Tempeln.

Munduk

Ein landschaftlich sehr reizvoller Abstecher führt auf schmalen Landstraßen nach Westen, an den beiden Seen Tamblingan und Buyan vorbei. Ein wunderschöner Ausblick öffnet sich hinter dem Weiler Asahpanji, wenn von unten im Tal links die blauen Wasser des **Danau Buyan** und rechts die smaragdgrünen des **Danau Tamblingan** heraufschimmern.

Die Gegend um das noch ca. 3 km weiter westlich gelegene Bergdorf **Munduk** ist bekannt für ihre ausgesprochen malerischen, z. T. terrassierten Kaffee- und Gewürzplantagen. Bergwanderungen und Hikingtouren in der zauberhaften, wasserreichen Umgebung erfreuen sich zunehmender Beliebtheit.

ℹ Praktische Hinweise

Hotel

Puri Lumbung Hotel, Munduk, Tel./Fax 03 62/928 10, www.purilumbung.com. Komfortable Bungalows in zauberhafter, grüner Landschaft; ideal für Wanderer.

48 Bedugul

Berühmter Markt, dazu Orchideenzucht und ein Botanischer Garten.

Gern besuchen auch Touristen den täglichen Markt von Bedugul. Auf dem großen quadratischen Marktplatz **Bukit Munggu** in der Ortsmitte wird vor allem Obst und Gemüse in Hülle und Fülle angeboten. Das ist *die* Gelegenheit, fruchtige Rambutan zu probieren, Mangusteen oder Salak, die Frucht mit der ›Schlangenhaut‹. Vielleicht sogar ein Stück Durian, von der es heißt, sie stinke höllisch, schmecke aber himmlisch?

Zusätzlich bringen die zahlreichen blühenden Pflanzen Farbe in den Markt. Bedugul gilt als das Zentrum der **Orchideenzucht** auf Bali, und die überquellende Fülle des Angebots gibt dieser Einschätzung recht. Vorsicht beim Kauf: die meisten dieser für unsere Breiten exotischen Pflanzen darf man nicht ohne weiteres nach Mitteleuropa einführen.

Die fruchtbare Erde und das kühlere Klima des Berglandes machten Bedugul auch zur ersten Wahl für den 1959 gegründeten Botanischen Garten **Kebun Raya Eka Karya** (tgl. 8–18 Uhr, Tel. 03 68/212 73). Genau genommen erstreckt sich die weitläufige Anlage am Hang des Gunung Pohon (2063 m) bereits auf dem Gebiet des Nachbardorfes *Candikuning*. Die Zufahrt zweigt im Westen von Bedugul vom Rondell mit der Plastik des überdimensionalen Maiskolbens ab und endet auf einem großen, baumbestandenen Parkplatz. Motorräder müssen hier abgestellt werden, mit Autos kann man gegen eine zusätzliche Eintrittsgebühr in den Park fahren. Angesichts des rund 150 ha großen Geländes empfiehlt sich das, wiewohl ein Spaziergang zu den im oberen Drittel des Gartens gelegenen Gewächshäusern sehr schön ist. Schade nur, dass

Romantisch spiegeln sich die schlanken Türme des Pura Ulun Danu Bratan im klaren, ruhigen Wasser des Bratansees

Üppig, bunt und verführerisch leuchtet das Angebot an Früchten und Gewürzen auf dem Markt von Bedugul

die Bäume (rund 650 Arten), Bambusse und Blumen – im *Lila Graha* mehr als 500 Orchideenarten – nicht botanisch beschrieben oder näher erläutert werden. Auch ist der Weg zu einer der Hauptattraktionen des Gartens, einer *Amorphophallus* (ihre Blüten von ca. 1 m Durchmesser öffnen sich nur ein einziges Mal), nicht ausgeschildert. Auch Vogelbeobachter kommen im gesamten Garten garantiert auf ihre Kosten.

ℹ️ Praktische Hinweise

Hotel
Bali Handara Kosaido Country Club, Pancasari, Tel. 03 62/226 46, Fax 230 48, www.balihandara.com. Luxushotel in traumhaft schöner Landschaft zwischen Gunung Catur und Danau Bratan. Anbei der gleichnamige herrliche 18-Loch-Golfplatz (www.balihandarakosaido.com).

49 Pura Ulun Danu Bratan

Buddhistisch-hinduistische Tempelanlage, romantisch am Danau Bratan gelegen.

Am Südwestufer des waldumstandenen Bratansees bietet sich besonders bei Sonnenaufgang ein stimmungsvolles Bild, wenn sich die dunklen Silhouetten der vieldachigen *Meruh* des Ulun-Danu-Tempels gegen den lotosbedeckten See und die rote Sonne abheben.

Die wunderschöne gepflegte **Tempelanlage** (tgl. 7–17 Uhr) wurde um 1633 vom Raja von Mengwi erbaut und liegt malerisch auf einer Landzunge bzw. einer kleinen Insel im See. Sie ist Dewi Danu, der Wassergöttin, geweiht, und lässt mit der großen *Stupa* links vom Eingang buddhistische Einflüsse erkennen. Der dreistufige *Meruh* auf dem äußersten Inselchen ist jener für Dewi Danu, in dem siebenstufigen wird Shiva und in dem eleganten elfstufigen Wishnu verehrt.

Scharen von Gläubigen strömen zu den Tempeln, der Ort strahlt Frieden und Ruhe aus. Die stören auch die blechern klingenden Lautsprecherrufe des Muezzin nicht, die zu den muslimischen Gebetszeiten vom Minarett der nahen Moschee erklingen. Schon eher der Touristenrummel, der sich tagsüber entfaltet, wenn etwa nach dem Kassenhäuschen Fotosessins mit einer mehr als 3 m langen Python angeboten werden.

Zu dem unheiligen Trubel trägt nicht unerheblich der Freizeitpark **Taman Rekreasi Bedugul** (tgl. 8–17 Uhr) am Seeufer rechts vom Tempel bei. Hier kann man Tret-, Ruder- und sogar Speedboote für Ausflüge auf dem Danu Bratan mieten, aber auch Wasser- und Jetski fahren oder Parasailen.

ℹ Praktische Hinweise

Hotel

Penginapan, links vom Tempel Pura Ulun Danu Bratan, Tel. 03 62/213 66. Direkter Zugang zum Tempelgelände. Bungalowanlage in weitem Garten, gepflegte Atmosphäre.

50 Lovina

Schöne schwarze Vulkansandstrände und niedrige Preise ziehen immer mehr Besucher in Balis Norden.

Der ganze Strand westlich von Singaraja bis kurz vor Seririt nennt sich Lovina. Beschränkte sich diese Bezeichnung zu Anfang des Touristenbooms in den 1970er-Jahren noch auf das Dorf *Kalibukbuk*, so hat sie sich heute auch auf die Nachbardörfer *Kaliasem* und *Temukus* im Westen sowie auf *Banyualit*, *Anturan*, *Tukad Mungga* und *Pemaron* im Osten ausgeweitet. Der Ursprung des Kunstwortes ›Lovina‹ ist nicht mehr genau auszumachen, aber man vermutet dahinter die Abkürzung von ›Love for Indonesia‹.

Von der parallel zur Küste verlaufenden Asphaltstraße führen immer wieder Stichstraßen an die Strände und in die Küstendörfer. Landeinwärts liegen hübsche Hügel, dazwischen Dörfer und Weilern. Dieses wenig beachtete Hinterland ist geradezu ein Paradies für *Vogelbeobachter* und *Wanderer*, man muss nur einer Straße oder einem Pfad durch die Reisfelder bergan folgen. In jüngerer Zeit entdecken auch immer mehr Mountainbiker die herrliche Gegend, aber ihnen gilt ganz besonders die Aufforderung zu Umsicht und Rücksichtnahme.

Die meisten Gäste kommen jedoch wegen der schönen, dunkelsandigen **Vulkanstrände** von **Lovina**. Ein vorgelagertes Riff lockt Schnorchler und schützt Schwimmer. Das trifft zwar für große Teile der Nordküste zu, doch das touristische Zentrum liegt nach wie vor in und bei **Kalibukbuk**. Die von Restaurants gesäumte Stichstraße Jalan Binaria mündet am Meeresufer in den zentralen Marktplatz. Ihn überragt seit 1995 das markante, 8 m hohe Delphin-Denkmal *Patung Lumba-lumba*.

Dass ausgerechnet Delphine (*Lumba-lumba*) als lokales Wahrzeichen gewählt wurden, hat seine Berechtigung. Die kleinen Tümmler halten sich gerne in den flachen, wenig bewegten Gewässern vor Lovina auf. Das morgendliche **Delphin-Beobachten** ist eine Attraktion in Lovina – und ein Wirtschaftszweig. Ständig schallt dem Besucher ein fragendes »Dolphins, see dolphins?« entgegen. Allgemeiner Sammelpunkt ist kurz vor sechs Uhr morgens der Strand. Dutzende der bunt bemalten kleinen Auslegerboote (*Prahu*) starten dann, um jeweils vier Personen hinaus vor das Riff zu bringen. Das dortige Schauspiel ähnelt mehr einer Jagd: Sobald jemand eine Rückenflosse sieht, nimmt die ganze Flotille darauf Kurs und folgt soweit möglich der Delphinschule. Der Lärm der Außenbordmotoren lässt die Tiere jedoch schnell unter Wasser das Weite suchen – und das Warten und Lauern beginnt von neuem. Für den Fall, dass keine Delphine auftauchen sollten, erhält man den halben Ausflugspreis zurück.

Obwohl es nicht jedermanns Sache ist, die Tiere auf diese Art aufzuspüren, lohnt sich eine solche Ausfahrt zumindest einmal. Allein die frühe Stunde zwischen 6 und 7 Uhr morgens hat ihren eigenen Reiz. Es ist angenehm kühl, die Sonne geht über dem Meer auf und aus den langsam den Blicken entschwindenden Hügeln steigen die Morgennebel. Diese Stimmung ist einfach wunderbar.

ℹ Praktische Hinweise

Information

Government Tourist Office, Kalibukbuk, Jl. Singaraja – Seririt (im Polizeiposten, östlich der Jl. Binaria), Tel. 03 62/410 10

Hotels

***Sol Lovina**, Jl. Raya Lovina (zwischen Kalibukbuk und Banyualit), Tel. 03 62/417 75, Fax 03 62/416 59. Gepflegte, ruhige Anlage am Strand. 90 Zimmer, einladender Swimmingpool, Bar, großes Restaurant an Lotos-Teich.

***Bali Lovina Beach Cottages**, Kalibukbuk, Tel. 03 62/412 85, Fax 03 62/414 78. Kleine, etwas gedrängte Bungalowanlage am Strand. 34 Zimmer, Swimmingpool, Restaurant und guter Service.

Delphine mit ›Kopftüchern‹ – liebevoll wird das Denkmal in Lovina geschmückt

Pausenmelodie – noch geht es einigermaßen beschaulich zu in Kalibukbuk und Umgebung, und musiziert wird nicht nur für Touristen

✿✿✿ **Angsoka**, Kalibukbuk, Tel. 03 62/418 41, Fax 03 62/410 23, www.angsoka.com. Alteingesessenes Hotel, wenige Meter vom Strand entfernt. 38 Zimmer. Swimmingpool, gegen Gebühr auch für Gäste von außerhalb zugänglich.

✿✿ **Banyualit Beach Inn**, Banyualit, Tel. 03 62/417 89, Fax 03 62/415 63, www.banyualit.com. Bestes Haus in diesem Dorf, am Ende der Stichstraße, direkt am Strand. 20 Zimmer in Gartenbungalows (unterschiedlicher Standard!), Pool.

✿✿ **Lovina Beach Hotel**, Kalibukbuk, Tel. 03 62/410 05, Fax 03 62/414 73, www.lovinabeachhotel.com. Mitte der 1960er-Jahre als erstes Hotel am Strand von Lovina gegründet. Bungalows in bachdurchzogenem Garten, Goldfischteich. Hauseigenes Café direkt am Strand.

✿ **Siwa Bagus**, zwischen Kalibukbuk und Banyualit, Tel. 03 62/417 53. Einladende, etwas abseits gelegene Bungalowanlage 100 m vom Strand. Das Restaurant bietet gute einheimische Küche.

Puri Manik Sari, Kalibukbuk (nahe der Touristeninformation), Tel. 03 62/410 89. Einfache, saubere Bungalows mit sehr freundlichem, zuvorkommendem Personal.

Taman Lily's, Jl. Mawar, Kalibukbuk, Tel. 03 62/413 07, Fax 03 62/266 53. Mehrere Bungalows, z. T. mit warmem Wasser dank Sonnenkollektoren. Einfach und sehr freundlich, mit Restaurant.

Restaurants

Angin Laut (Sea Breeze), Kalibukbuk, Tel. 03 62/411 38. Luftig-großes Abendrestaurant am Strand; der frische Fisch im Bananenblatt schmeckt göttlich. Nachmittags üppig belegte Sandwiches.

Café Karma, Ecke Jl. Binaria/Haupstraße, Kalibukbuk, tgl. 8–23 Uhr. Hervorragendes mexikanisches Essen mit indonesischem Einschlag. Abends oft Spielfilm-Vorführungen im Gastraum.

Chono's, Hauptstraße, Kalibukbuk. Einfache traditionelle Gerichte; viele Spiele (Schach, Backgammon, Karten).

Kakatua, Jl. Binaria, Tel. 03 62/413 44. Direkt am Marktplatz überblickt man bei fangfrisch zubereitetem Fisch das Kommen und Gehen auf der abendlichen Flaniermeile Kalibukbuks.

Malibu Music Club, Hauptstraße, Kalibukbuk, Tel. 03 62/416 71. Szene-Treff für Taucher und Tänzer. Abends Filme und Live-Bands bis spät in die Nacht.

51 Air Terjun Sing Sing

Der kleine Wasserfall speist zwei natürliche Badebecken.

Hinter dem Dorf Temukus liegt ein beliebtes Ausflugsziel von Lovina aus, der Sing-Sing-Wasserfall. Der Name bedeutet ›Tagesanbruch‹, weckt aber bei westlichen Besuchern wegen des gleichnamigen New Yorker Gefängnis meist Belustigung und Neugier. Zwar ist der Wasserfall als Naturereignis wenig spektakulär, doch seine Lage in den Felsen, umgeben vom üppigen Grün dichten Waldes, macht ihn recht malerisch.

Vom kleinen Parkplatz hinter dem Dorf führt ein größtenteils mit Platten ausgelegter Weg etwa 800 m zwischen Wald und Feldern zum 12 m hohen Fall. Man steigt wenige Schritte in ein kleines natürliches Wasserbecken ab. Links davon führt ein schmaler Pfad hinauf zu einer weiteren Ebene. Nur anfangs helfen einige Stufen, dann heißt es klettern. Das zweite, oben liegende Becken ist felsig und eignet sich besser zum Baden, zumal größere Felsbrocken ringsum Sitzgelegenheiten bieten. Wald und Sprühnebel machen den Aufenthalt erfrischend kühl.

Man kann noch weiter hinaufsteigen, aber der Pfad wird extrem schmal (30 Zentimeter!) und ist nur manchmal von einer knöchelhohen steinernen ›Sicherung‹ zum Wasserfall hin abgegrenzt. Oben fängt ein künstliches Staubecken die Sickerwasser auf. Schon von alters her werden von hier aus die umliegenden Reisfelder bewässert.

Hochzeitsfeier im buddhistischen Tempel von Banjar

52 Banjar

Heilkräftige heiße Quellen und ein buddhistischer Ashram.

Nur rund 20 km westlich von Singaraja und weniger als 10 km von Lovina entfernt liegt am Fuß der Berge das Dorf Banjar. Schon die Anfahrt ist zauberhaft: über schmale, gut asphaltierte Straßen geht es durch lang gezogene Dörfer, vorbei an Reisterrassen in verschiedensten Grüntönen .

Banjar beherbergt den einzigen buddhistischen Tempel im Norden Balis, den **Brahma Arama Vihara**. Nachdem sich Besucher rechts vom Ashram eine Schärpe ausgeliehen haben, steigen sie über eine Freitreppe zum steinernen Eingangstor hinauf. Man kann schon unten an der Treppe die Schuhe ausziehen, muss dies aber spätestens vor den Gebetsräumen tun, die sich beim oben liegenden kleinen runden Lotosteich auftun. Rechter Hand entbieten die hauptsächlich chinesischstämmigen Gläubigen Buddha in einer großen steinernen *Stupa* ihre Ehrerbietung.

TOP TIPP **Air Panas Banjar**

An der zentralen Kreuzung in Banjar folgt man den Wegweisern in ein sehr schmales Tal zu den Air Panas (tgl. 8–16 Uhr), den **heißen Quellen**. Die hier unbefestigte Straße begleitet den Lauf eines Bergbächleins, das sich seinen Weg tief zwischen meterhohe Felsen gegraben hat. Die mitunter aufsteigenden warmen

Verborgen im üppigen Grün plätschern die warmen Quellen von Air Panas

Das buddhistische Kloster von Banjar liegt entrückt in den grünen Hügeln des Nordens

Dämpfe verraten den Ursprung des Baches. Nach dem Eintrittshäuschen geht es zu Fuß zwischen den beidseits aufgebauten Verkaufsständen etwa 200 m weiter, bis sich der Pfad gabelt. Rechts lädt ein schmaler Fußweg zu einer Waldwanderung ein. Aus den Hängen sickert Wasser, das Tal ist dicht bewaldet und überall gibt es bunte Blüten zu bewundern.

Links geht es über eine steinerne Brücke zu den drei Wasserbecken. Der größte Pool misst etwa 4 x 7 m und ist für Schwimmer geeignet. In einen weiteren Becken stürzt aus fantasievoll gestalteten steinernen Wasserspeiern **warmes Quellwasser** in armdicken Strahlen hervor und massieren die rund 2 m unterhalb sitzenden Badegäste. Ein drittes, etwas höher in den Hang gebautes Bassin dient der Erholung und Entspannung. Das Wasser ist 38 °C warm und enthält Sulfat und Kalium. Es regt die Durchblutung der Haut an und gilt als besonders heilsam bei Hauterkrankungen und Arthritis.

Oberhalb der Badebecken neben den Umkleidekabinen befindet sich das Restaurant Komala Tirta (s. u.). Der winzige ›Zoo‹ mit den apathisch in ihren engen Gitterkäfigen sitzenden wenigen Tieren (Stachelschweine, Rehe) ruft hingegen meist nur geringes Interesse bei Besuchern hervor.

Hinter dem Anwesen überquert eine abenteuerlich scheinende, aber solide Bambusbrücke erneut den Bach und trifft am anderen Ufer auf den bereits oben erwähnten **Waldpfad**, der sich linker Hand weiter den Hang hinaufzieht.

ℹ Praktische Hinweise

Hotel

Pondok Wisata Grya Sari, Air Panas (200 m von den heißen Quellen entfernt), Tel. 03 62/929 03, Fax 03 62/929 66. Überraschender Komfort in den 14 Bungalows, die malerisch an den steilen Hang gebaut sind.

Restaurant

Komala Tirta, Air Panas, Tel. 03 62/929 01. Von der luftigen Veranda am Hang genießt man einen hervorragenden Blick über die Quellen.

Der Westen –
Schönheit im Dornröschenschlaf

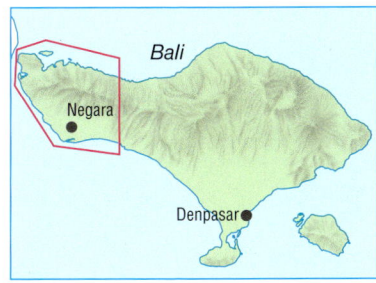

Nach wie vor ist der überwiegende Teil von Balis Westen touristisch nur bedingt erschlossen. Eine gewisse Ausnahme bildet **Pemuteran**, auf dessen Gemeindegebiet feinsandige schwarze Strände vor glitzerndem Meer ebenso locken wie entlang der Küste beeindruckende Tempel, vom Pura Pulaki bis zum Pura Jayaprana. Letzterer liegt schon im Gebiet des ausgedehnten **Nationalparks Bali Barat**, in dem u. a. seltene Tierarten wie der Bali-Star eine geschützte Heimat finden. Die ebenfalls zum Nationalpark gehörende **Insel Menjangan** vor der Küste ist von Korallenriffen umgeben, deren vielfältige farbenprächtige Unterwasserwelt zum Tauchen und Schnorcheln einlädt.

An der Südwestküste verdienen der romantisch gelegene Tempel **Pura Rambut Siwi** oder die alte Fürstenstadt **Tabanan** Aufmerksamkeit. Sportfreunde interessieren sich eher für die herrlichen, wenngleich oft nicht leicht zu erreichenden **Surfreviere** auf dieser Seite der Insel.

53 Pura Pulaki

Bekannter Tempel mit heiligen Affen in exponierter Lage zwischen Felsen und Meer.

Direkt an der Küstenstraße im Norden, kurz vor Pemuteran liegt der zum Dorf Banyupoh gehörende **Pura Pulaki Agung**. Er soll von dem Hindupriester Nirartha gegründet worden sein, der ihn seiner entführten Tochter weihte. Diese wiederum wird als Dewi Melanting, Göttin des Handels und Wohlstands, verehrt. Obwohl der Staatstempel zu den fünf wichtigsten Heiligtümern der Gegend zählt ist er relativ schmucklos gehalten. In dem Kassenhäuschen im Vorhof rechts liegt ein Informationsblatt zum Tempel aus, links hängen zwei große hölzerne *Kulkul*, die stets von kleinen grauen **Affen** belagert sind.

Über eine Treppe geht es zu drei auf Terrassen hintereinander angelegten Höfen, die durch unregelmäßig hohe Stufen miteinander verbunden sind. Im obersten Hof überragt ein *Intaran*-Baum mehrere steinerne Schreine. Der mittlere Hof

◁ *Ein Haar des Priesters Nirartha wird in Rambut Siwi als größtes Heiligtum verehrt*

mit seinem massiven steinernen Altar ist rechts mit einem höher gelegenen vierten ›Neben-Hof‹ verbunden. Jenseits der Tempelmauer führen wiederum Stufen noch rund 20 m weiter bergauf zu einem kleinen Plateau mit einem Holzschrein. Von hier oben ist die **Fernsicht** über Tempel und Meer grandios.

Auf der gegenüberliegenden Straßenseite erhebt sich unmittelbar an der Steilküste der neue Tempel *Pura Pabean*.

54 Pura Melanting und Pura Kertekawat

Ein Tempel ist dem Handel geweiht, der andere der Unterwelt.

Der dem *Pesar agung*, dem **großen Markt**, geweihte Tempel ist noch relativ jung. Erst in den 90er-Jahren des 20. Jh. begannen die Bewohner der umliegenden Dörfer südlich von Banyupoh mit seinem Bau. Die Anfahrt führt durch hohen Wald, der sich plötzlich zu einem freien Markt- und Parkplatz lichtet.

Wie der Pura Pulaki, so ist auch der Pura Melanting an den Hang gebaut. Zwei blumengeschmückte steinerne Schlangen bewachen die Stufen zum ersten, turmflankierten Tor. Im zentralen Hof fällt links eine geschwungene Treppe aus Steinen und Felsbrocken auf. Im Hof an ihrem Ende stehen überdachte Opferhäuschen auf großen natürlichen Felsen. Hinter dem kleinen Lotosteich führt ein steinerner Steig zu einem Saumpfad in die Hügel. Der Weg ist steil und beschwerlich, aber von oben ist der **Ausblick** über Wald und Ebene herrlich.

Gegenüber dem Pura Melanting führt eine schmale, anfangs recht steile Straße zu dem nur etwa 1 km entfernten **Pura Kertekawat** – von den fünf Haupttempeln der Region der Tempel für die **Unterwelt**. Mit seiner nur kniehohen Umfassungsmauer und den äußerst einfach gestalteten Höfen gibt er sich jedoch sehr bescheiden. Als einzige Besonderheit steht rechts vom Eingang neben dem kleinen Brunnen ein *Kesambih* genannter, großer Findling, der – so die Gläubigen – Eigentum der Geister ist.

55 Pura Pemuteran

Überregional bedeutender Shivatempel mit heißen Quellen.

Bei Touristen nur wenig bekannt ist der Shiva geweihte Tempel am östlichen Stadtrand von Pemuteran. Dabei ist er für

Schönheitspflege im Freien – ein mobiler Fiseurdienst kommt in abgelegene Dörfer

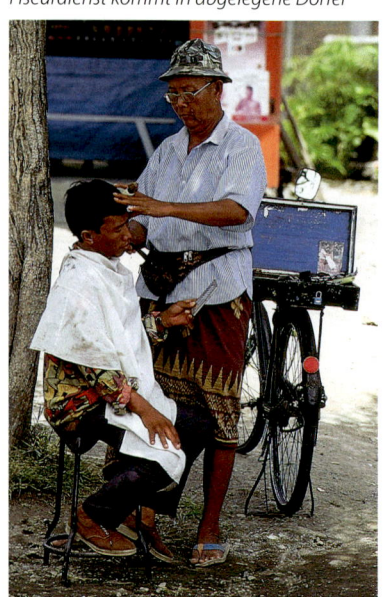

die Hindus im Norden neben Pulaki, Melanting, Pebean und Kertekawat einer der fünf Haupttempel, um so mehr, als vor seinen Toren heilkräftige warme **Trinkwasserquellen** entspringen. Ihre steinernen Umfassungsmauern liegen etwas abseits des Tempels rechts im leichten Baumschatten. Dahinter sind die beiden nach Geschlechtern getrennten Waschbzw. Baderäume errichtet. Sie sind ebenfalls oben offen, aber ist ein theoretisch möglicher Blick über die Trennmauer ist streng untersagt! Die Quellen gelten als heilig und Gläubige opfern zuerst hier, bevor sie den Tempel betreten.

Am Eingang des Tempels wird (noch) keine *Donation*, kein inoffizieller Eintritt verlangt. Eine Schärpe muss man selbst mitbringen, denn es gibt keine Möglichkeit, diese auszuleihen. Hinter einem steinernen Gitter aus stilisierten Lotosblüten erhebt sich im zweiten Hof ein steinerner Thron (*Padmasana*) für Shiva. Prächtig ist dieser **Göttersitz**, der Stuhl selbst reich verziert, aus Holz geschnitzt und mit Blattgold überzogen, das in der gleißenden Sonne funkelt. Allenthalben überranken blühende Büsche und Blumen die Umfassungsmauern, wodurch der Tempel vor den kargen Bergen im Hintergrund sehr anmutig wirkt.

Fährt man auf der Küstenstraße weiter nach Westen, sieht man noch vor dem Ort Pemuteran rechts zwei markante Hügel aufragen, auf die sich eine asphaltierte schmale Straße zuwindet. Den ersten, höheren Hügel krönt ein halb verfallenes Tempelchen. Wer die Mühe auf sich nimmt, die Stufen hinaufzusteigen, wird mit einem wunderschönen *Ausblick* belohnt. Von der **Insel Menjangan** im Westen schweift der Blick weit an der Küste hin nach Osten. Das Meer zieren Tupfen der weißen Segel der Fischerboote und im Landesinneren begrenzen erst die Berge die Sicht. Am Fuß des Hügels führt das Sträßlein weiter an einen Meeresarm, der mit seinem muschelübersäten weißen Sand und dem ruhigen, klaren Wasser zu einer Badepause einlädt.

ℹ Praktische Hinweise

Hotels

**Matahari Beach Resort & Spa, Pemuteran (gegenüber der Einfahrt zum Pura Pemuteran), Tel. 03 62/923 12, Fax 03 62/923 13, Kontakt in Deutschland: Tel. 089/69 37 86 76, Fax 089/69 37 87 04, www.matahari-beach-resort.com. 16 großzügi-

Wunderbar leuchtende Orchideen werden in Balis bisher einzigem Nationalpark geschützt

ge Luxus-Bungalows am hauseigenen schwarzen Strand. Mit Swimmingpool und hervorragendem Restaurant. Eigene Tauchschule und direkte Bootsverbindung zur Pulau Menjangan.

Pondok Sari, Pemuteran, Tel./Fax 03 62/ 923 37, www.pondoksari.com. Angenehmes Mittelklasse-Hotel mit Restaurant am ruhigen Strand. 23 Bungalows in weiträumigem Garten. Tauchbasis unter Schweizer Leitung.

56 Taman Nasional Bali Barat

Balis einziger Nationalpark bewahrt tropische Bergwälder und eine vielgestaltige Unterwasserwelt.

Die Straße vom Pura Pulaki nach Westen, Richtung Gilimanuk, ist sehr gut ausgebaut und führt zum Teil malerisch an der Küste entlang. Etwa 10 km hinter dem Touristenresort Pemuteran kündigt ein großes Schild den Beginn des **Nationalparks** an. Er umfasst das vorgelagerte Inselchen **Menjangan** [Nr. 57] mitsamt annähernd 7000 ha Meeresgebiet. Die restlichen 20 000 ha nehmen einen Großteil des gebirgigen Westteils von Bali ein. Die

dichten **Bergwälder** sind Heimat des Bali-Rindes (*Banteng*) sowie zahlreicher Affen- und Rotwildarten. Auch der seltene Bali-Star Jalak Bali (*Leucopsar rothcildi*) ist in der Gegend von Tegal Bunder zu sehen, allerdings muss man dafür sehr viel Glück haben, denn der weiße Vogel mit den schwarzgeränderten Flügeln und dem blauen Fleck am Auge ist vom Aussterben bedroht. Doch auch sonst werden Ornithologen in dem Park auf ihre Kosten kommen.

Der weiße Bali-Star, Symbol des Nationalparks, ist vom Aussterben bedroht und in der Natur nur äußerst selten zu erspähen

An der **Nordküste** wechseln sich sandige Abschnitte mit sumpfigen Gebieten und dichten **Mangrovenwäldern** ab. Der Nationalpark ist durchaus bewohnt, es dürfen nur keine neuen Ansiedlungen gebaut werden, und die wirtschaftliche Nutzung des Waldes ist eingeschränkt.

Ausflüge in den Park sind nur mit Führer und Genehmigung der Parkverwaltung in **Cekik** erlaubt. Sie kann auch Übernachtungen im parkeigenen Guest House am Nordhang des 808 m hohen Gunung Kelatakan arrangieren.

Air Panas Banyuwedang

Gleich hinter der nordöstlichen Parkgrenze zweigt rechts eine kleine Straße zu den Air Panas, den **heißen Quellen** von Banyuwedang ab. Vorbei am 1982 erbauten Pura Dhang Khayangang Banyuwedang führt der 2 m breite Fußweg durch einen Wald mit bizarren Mangrovenwurzeln. Schon von weitem verrät ausgeprägter Schwefelgeruch die Quelle. In dem einfachen Schöpfhaus wird das ca. 50 °C heiße Wasser von Hand heraufgeholt. Auch wenn man nicht badet, erwarten die Helfer an der Quelle eine kleine finanzielle Anerkennung. Dies ist sicher keine Touristenattraktion, aber die Bewohner der umliegenden Ortschaften baden gern in dem schwefelhaltigen Wasser, dem sie Heilkräfte zuschreiben.

Recht hübsch ist der Blick aus den kleinen Fenstern des Badehauses am Rande des Mangrovenwaldes: Links ragen zwischen den Luftwurzeln einzelne Steinschreine auf, zu denen Einheimische in Booten Opfergaben bringen, geradeaus erkennt man jenseits eines offenen Meeresarmes den Hafen von Labuhanlalang.

ℹ️ Praktische Hinweise

Information

Parkverwaltung Taman Nasional Bali Barat, Cekik, Tel. 03 65/610 60

57 Pulau Menjangan

Taucher lieben die Gewässer um die geschützte Insel im äußersten Nordwesten von Bali.

Die Insel Menjangan gehört samt den umliegenden Gewässern zum Naturpark Bali Barat [Nr. 56]. Zwar erlaubt die Regierung in den Gewässern das Tauchen und Schnorcheln, kontrolliert jedoch den Zugang. Die **Korallengärten** und **Riffe** in dem kristallklaren Wasser, die von einer Vielzahl bunter Fische bevölkert werden, sind auf ganz Bali für ihre Größe und Farbenpracht berühmt. Zwischen den Schwämmen, Pilz- und Hirnkorallen tummeln sich mehr als 500 Fischarten, darunter Papageien-, Löwen- und Engelsfische neben so Aufsehen erregenden Arten wie Mantas oder Riffhaien.

Gilimanuk, ganz im Westen gelegen, ist als Fährhafen zur Nachbarinsel Java von Bedeutung

In Labuhanlalang werden regierungseigene Boote zu Festpreisen vermietet, die bis zu sechs Personen mit Tauchausrüstung befördern können. Es ist zwar gestattet, auf die flachen Insel anzulegen bzw. dort an Land zu gehen, aber die Bootsführer schauen bei einer entsprechenden Frage verwundert und fragen zu Recht ›Warum?‹.

Von den Hotels in und um Pemuteran aus gehen Boote direkt nach Menjangan. Alle anderen Tauchausflügler setzten von **Labuhanlalang** in der **Bucht von Terima** über. Ursprünglich stand hier nur ein einsamer Posten der Parkverwaltung und nahm den Eintritt entgegen. Heute haben sich eine große Tauchschule mit Ausrüstungsverleih, mehrere *Warungs* sowie einfache *Homestays* oder *Losmen* mit Bungalows zwischen Straße und Strand beidseits des Weges zur Mole angesiedelt.

Der schönen, edlen Layonsari war keine glückliche Liebe beschert

58 Makam dan Pura Jayaprana

Grab und Tempel erinnern an eine herzzerreißende Liebesgeschichte.

Nur wenige Kilometer westlich von Labuhanlalang liegt links der Straße Makam dan Pura Jayaprana, Grab und Tempel des Jayaprana. Unübersehbar erhebt sich das Gespaltene Tor, flankiert von den zwei schwarz-weiß geschürzten Krokodilfiguren als ungewöhnlichen Wächtern. Das Ende der dahinter steil bergan führenden Stufen ist von unten nicht abzusehen. Der Tempel liegt auf einem bewaldeten Hügel, von dem aus jedoch keine Fernsicht möglich ist. Auch hier gelten die zahlreichen Affen als Nachfahren des Gottes Hanuman als heilig, sind aber bei weitem nicht so zudringlich wie ihre Artgenossen in bekannteren Tempeln.

Den zaunumgrenzten Vorraum zum Allerheiligsten ziert als ungewöhnliches Schmuckstück – ganz ohne tiefere Bedeutung – eine **Schwarzwälder Uhr**, original mit Gewichten und Kuckuck! Die Wände des *Bale* hinter dem Tempel sind über und über mit Uhren behängt, die dankbare Pilger gestiftet haben. Eine Wandmalerei erzählt in neun Bildern von links unten nach rechts oben die tragische Geschichte von Jayaprana und Layonsari, der der Tempel seine große Beliebtheit beim Volk verdankt.

Romeo und Julia auf balinesisch

Einst herrschte der König Anak Agung Ngurah Kaleran über sein Reich **Kalianget** in den Bergen beim heutigen Seririt. Sein bester Mann war der schöne und gute **Jayaprana**. Er liebte die ebenso schöne und gute **Layonsari** von Herzen und konnte sie nach vielen Abenteuern auch wirklich heiraten. Aber der König verliebte sich selbst in Layonsari und schickte Jayaprana unter einem Vorwand an die Grenzen seines Reiches. Dort sollte ihn der Minister Patih Saunggaling ermorden. Jayaprana war aber unverwundbar und konnte erst getötet werden, als er selbst es zuließ, um sich den ausdrücklichen Wünschen seines Königs zu fügen. Layonsari erfuhr davon. Aus Gram darüber und weil sie sich den Annäherungsversuchen des lüsternen Königs nicht anders zu erwehren wusste, tötete sie sich selbst.

Jayaprana und Layonsari gelten auf Bali als das ideale **Liebespaar** und erhielten gleich nach ihrem Tod gottähnlichen Status. Der unmäßige König aber wurde von den Göttern mit Wahnsinn gestraft. Noch heute sagt man seinen angeblichen Nachkommen, den Bewohnern des Bergdorfes Kalianget, nach, sie seien mit erblichem Schwachsinn geschlagen.

Festlich geschmückt erscheinen die Ochsen zum jährlichen Wettkampf in Negara

59 Negara

Ochsenrennen sorgen für spannende Unterhaltung.

Die äußerste Westküste Balis ist touristisch nur wenig erschlossen. Auch die Stadt **Gilimanuk** ist lediglich als Hafen nach Java von Interesse. Nächste Station in Richtung Süden ist die Stadt Negara.

Der Ort war immer schon eher ländlich, auch als er im 19. Jh. Hauptstadt des Fürstentums Jembrana war. Aber immerhin gedieh an diesem Hof die musikalische Tradition des *Jegog*, einer *Gamelan-*

Art, die auf übergroßen Bambusstücken gespielt wird. Ebenso außergewöhnlich sind die reinen Frauenorchester *Bunbung gebyog*.

An der Ruhe und Abgeschiedenheit des Städtchens hat sich bis heute nicht viel geändert. Nur in der Zeit von Juli bis Oktober findet eine größere Zahl von Besuchern ihren Weg in die heutige Hauptstadt des Bezirks Jembrana, wenn nämlich die berühmten **Ochsenrennen** (*Mekepung*) veranstaltet werden. Auf einem Feldkurs von etwa 2 km Länge entwickeln die Zweiergespanne, angefeuert von ihren auf kleinen wackligen Wagen

Halsbrecherisch balancieren die ›Erben‹ Ben Hurs auf ihren Streitwagen

Eindrucksvoll thront der Tempel von Rambut Siwi auf dem Felsen hoch über dem Meer

stehenden Fahrern, unvermutet hohe Geschwindigkeiten. Interessanterweise gewinnt nicht unbedingt das schnellste Gefährt, denn es werden auch Schönheit und Anmut der Gespanne berücksichtigt. Waren früher die Rennen in der Zeit zwischen Ernte und neuer Aussaat religiös motiviert, dienen sie heute bereits überwiegend als Volksbelustigung und Touristenattraktion.

 Praktische Hinweise

Information
Government Tourist Information,
Jl. Setia Budi 1, Negara, Tel. 03 65/410 60

60 Pura Rambut Siwi

TOP TIPP *Überwältigend schöner Meerestempel über den anbrandenden Wellen rund 20 km südöstlich von Negara.*

Zwischen den winzigen Dörfern Air Satang und Yeh Embang zweigt eine schmale Stichstraße Richtung Meer zum Pura Rambut Siwi ab, dem ›Tempel zur Ehre des Haares‹. Der Sage nach soll ihn Mitte des 16. Jh. der Mönch Nirartha gegründet haben. Als größter Schatz wird hier ein Kopfhaar des heiligen Mannes aufbewahrt, daher der ungewöhnliche Name des Tempels.

Der Staatstempel steht außerordentlich malerisch auf einer Klippe. Entsprechend prachtvoll ist der Blick von oben über die Felsenküste und einen ausgedehnten Sandstrand. Dahinter muss sogar die Bewunderung für die aufwendigen Steinmetzarbeiten im Inneren zurückstehen. Hinzu kommen die unzähligen *Frangipani*-Bäume, deren weiße Blüten das Tempelgelände wie Schnee bedecken. Am Fuß des Tempelfelsens gähnen dunkel die Eingänge zu zwei heiligen **Höhlen**. Betreten ist verboten, denn sie gelten als Wohnstatt eines Drachens.

Nur wenig östlich von Pura Rambut Siwi liegt bei dem Dorf Pulukan der **Strand von Medewi**. Er ist nur über eine holprige Piste zu erreichen. Trotzdem hat er sich wegen seiner hervorragend geeigneten Brandung als Tip unter **Surfern** herumgesprochen, die von den ›langen Linkswellen‹ schwärmen. Zum Schwimmen und Baden ist die Bucht aber wegen der starken Strömung nicht geeignet.

 Praktische Hinweise

Hotel
Medewi Beach Cottages, Pantai Medewi, Pekutatan, Tel. 03 65/400 29, Fax 03 65/415 55. Schlicht ausgestattete, jedoch ausreichend komfortable Bungalows am Strand. Auf Surfer eingerichtet, mit Swimmingpool und Restaurant.

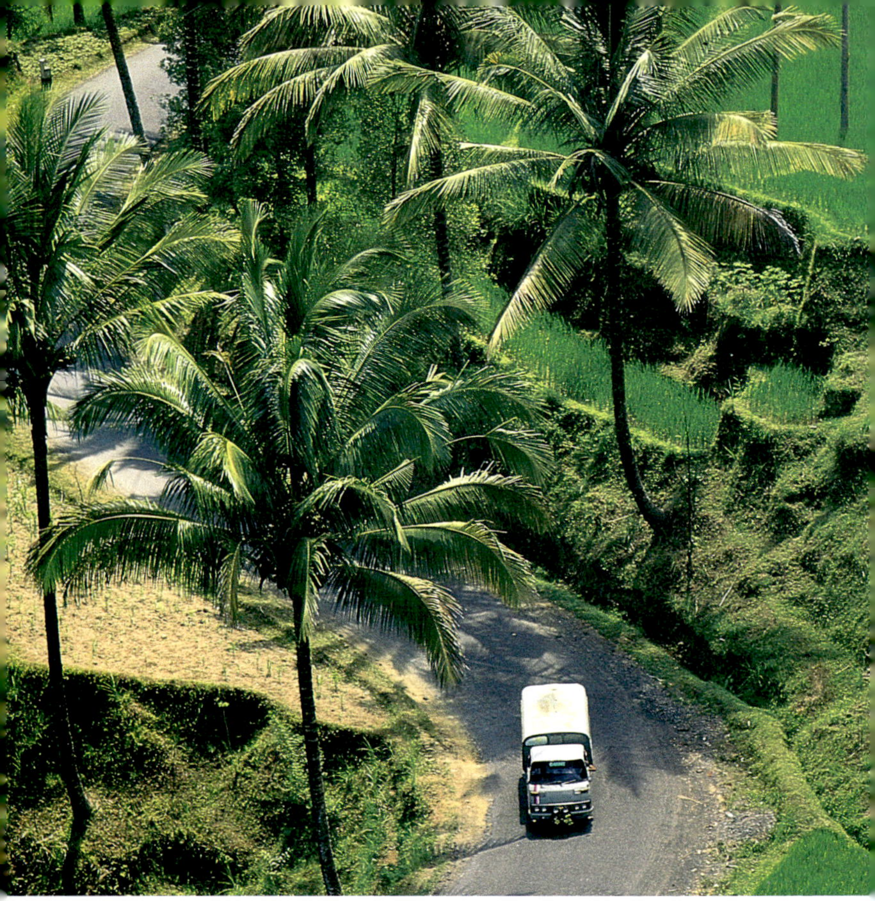

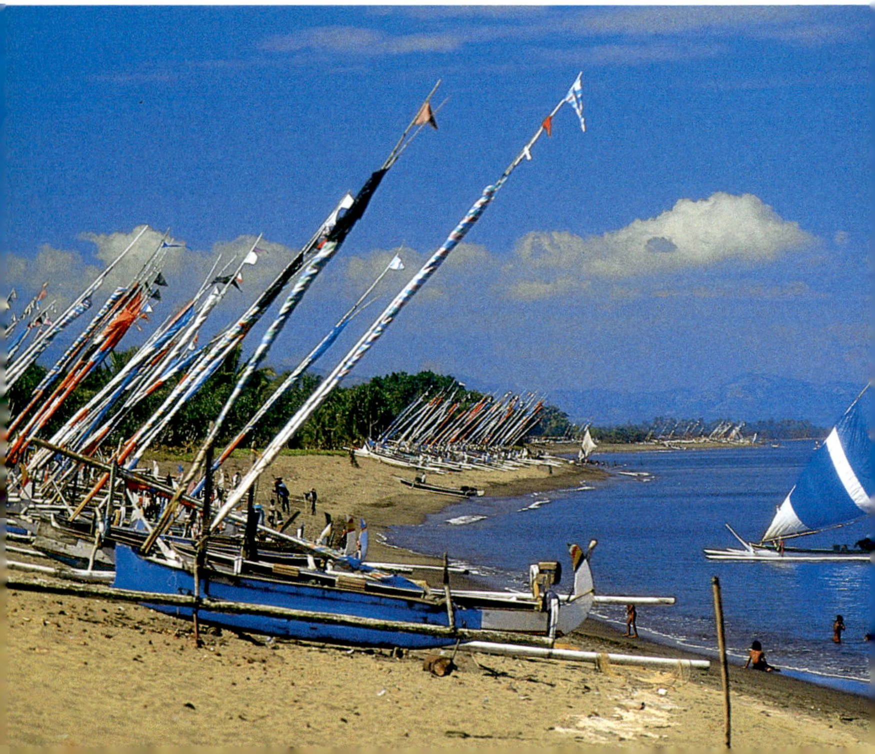

Lombok –
Insel der glitzernden Prinzessin

35 bis 80 km östlich von Bali setzt das noch weitgehend unbekannte Lombok die indonesische ›Perlenkette der Inseln‹ fort. Es gehört – gemeinsam mit der östlichen Nachbarinsel Sumbawa – zur Provinz Nusa Tenggara Barat. Das 4669 km² große Eiland ist gesäumt von hellen, feinsandigen Stränden, die langsam vom Tourismus entdeckt und erschlossen werden. Seit Jahren ist der Bau eines internationalen Flughafens bei Praya im Gespräch, doch wird wohl in dieser Hinsicht auf absehbare Zeit nichts geschehen. Besucher erreichen Lomboks **Naturschönheiten** auch ohne ihn, etwa die weite, **sandige Bucht** von Senggigi, die mit ihren überhängenden Palmen und dem leicht anbrandenden Meer geradezu Südseeromantik verbreitet. Oder die traumhaft schönen **Tauch- und Schnorchelreviere** um die drei kleinen Inseln Gili Air, Gili Meno und Gili Trawangan, deren Korallenriffe ihresgleichen suchen.

Nordöstlich des zu einer großstädtischen **Inselmetropole** zusammengewachsenen Städtekonglomerats Ampenan, Mataram und Cakranegara locken noch dichte **Regenwälder**. Sie setzen die Vegetation des westlichen Nachbarn Bali fort. Das ist um so erstaunlicher, als die beiden Inseln der bis zu 3 km tiefe **Wallace-Graben** trennt. Er stellt eine Scheide zwischen der malaio-asiatischen Flora und Fauna einerseits und der malaio-australischen andererseits dar: Östlich dieser Wassergrenze gibt es kein Großwild wie Nashörner, Elefanten oder Tiger mehr. Lombok selbst wirkt wie ein Bindeglied zwischen dem Westen und dem Osten Indonesiens, schließt sich doch an den waldigen, üppigeren Westen der gebirgige und kargere Osten an. Einen guten Überblick erlaubt der Pusuk-Pass, von dessen Scheitelpunkt man über dichtes Baumgrün weit ins nördliche Tiefland schauen kann.

Im Zentrum der Insel schickt der gefährlich-schöne **Gunung Rinjani** von Zeit zu Zeit seine Rauchsäulen in den Himmel. Der 3726 m hohe Vulkan ist immer noch aktiv, worüber auch das zauberhafte Seenauge Segara Anak in der Kratersenke nicht hinwegtäuschen kann, aus dessen Mitte wiederum ein jüngerer, noch aktiver Vulkankegel aufsteigt. Der beinahe von der ganzen Insel aus sichtbare, aber oft wolkenverhangene Rinjani gilt den hinduistischen Balinesen, die überwiegend in der westlichen Ebene leben, als Sitz der Götter und als heiliger Berg.

Die rund 2,4 Mio. Bewohner Lomboks gehören hauptsächlich der Volksgruppe der Sasak an und nehmen in der vielfältigen Bevölkerungskultur Indonesiens eine Sonderstellung ein. Nominell Moslems, entwickelten die im 16. Jh. islamisierten Sasak aus animistischen, hinduistischen und islamischen Elementen die eigene religiöse Ausprägung des **Wetu Telu** (auch: Waktu Telu), der ein Großteil der Bevölkerung noch heute anhängt. Als wichtigstes und ältestes Heiligtum dieses Kultes gilt die Moschee in Bayan.

Einer der ältesten balinesischen Tempel ist dagegen der unweit davon bei Senggigi gelegene Batu Bolong. Sowohl Hindu- als auch Wetu-Telu-Gläubige beten in der ungewöhnlichen Tempelanlage Lingsar, und auch das Badeheiligtum Suranadi wird von den Anhängern beider Religionen besucht.

◁ **Oben:** *Die Fahrt durch Zentrallombok ist ein herrliches Landschaftserlebnis*
Unten: *Fischerboote warten in Senggigi auf ihren abendlichen Einsatz*

Der Südwesten – Tourismus und Tradition

Lomboks Geschäftswelt konzentriert sich um die Inselhauptstadt **Mataram** mit ihren Nachbarn **Ampenan** und **Cakranegara**. Die Parole des westlichen Distrikts lautet ›Patut Patuh Patju‹, was etwa mit ›Logik, Disziplin, Kontinuität‹ zu übersetzen ist. Die Ebene ist stark von balinesischen Einflüssen geprägt, muslimische und hinduistische Heiligtümer bestehen gleichberechtigt nebeneinander. In dieser Region liegen auch die touristischen Brennpunkte der Insel, allen voran der wunderbare Strand von **Senggigi**. An der Südküste befinden sich um **Kuta** superbe weite Strände. Dazwischen liegt das Kernland der Sasak mit traditionellen Dörfer wie **Sade** und Handwerkszentren wie **Sukarara**. Von der zentralen West-Ost-Straße über Praya bieten sich auch Abstecher in die südlichen Bergregionen an, etwa nach **Tetebatu** mit seinen umgebenden Wäldern.

61 Ampenan   *Plan Seite 104*

Einige Straßenzüge der geschäftigen Küstenstadt zeigen noch niederländische Züge.

Mit Ampenan beginnt an der Westküste Lomboks das Städtekonglomerat um die sich östlich anschließende Hauptstadt Mataram. Noch bis ins 20. Jh. war Ampenan an der Mündung des *Kali Jangkok* die bedeutendere von beiden Städten, immerhin betrieben hier die Niederländer ihren wichtigste **Hafen** der Insel. Aber heute ragen von den Kaianlagen nur noch die verwitterten Überreste der hölzernen Mole aus dem Wasser.

Trotzdem lohnt sich ein Spaziergang durch die kurze **Jalan Koperasi** ❶ hin zum Hafengelände am Meer. Ihr letztes Stück bis zu dem imposanten weißen Tor am Strand wird auch *Jalan Pabean* genannt. Zur Zeit des Sonnenuntergangs ist hier am Ufer immer viel los. Die Einheimischen kommen gern zum Picknicken hierher und Kinder baden oder spielen Fußball. Leider sieht der Strand entsprechend dreckig aus und ein Bad im Meer ist nicht zu empfehlen.

In der Jalan Koperasi gibt es noch behäbige holländische **Kolonialarchitektur** mit schattigen Arkadengängen und breiten Toren. Eine Vielzahl einheimischer Restaurants und Cafés, meist von Chinesen betrieben, nutzt heute die Räumlichkeiten. Kurz vor dem Tor zur Hafeneinfahrt liegt rechter Hand der kleine chinesische Tempel **Vihara Bodhi Dharma** ❷. Mit seinem prächtigen rot-weißen Eingang ist er nicht zu verfehlen. Besucher sind eingeladen, vor dem zentralen Buddha-Bildnis einen Glücksstab aus dem Bambusrohr zu schütteln oder vor einem der vier Seitenaltäre Räucherstäbchen zu entzünden. Eine kleine Spende ist angebracht, auch wenn man keine der angebotenen Opfergaben kauft.

In den einstigen Lagerhäuser beidseits der Jalan Koperasi haben sich vielfach Kleinunternehmer niederlassen, so dass heute Gemischtwarenläden und einfache Restaurants die stimmungsvolle Stichstraße säumen.

Nur rund 100 m südlich liegt der schlichte einstöckige Quaderbau des **Pasar Ampenan** ❸. In der Markthalle finden sich Kleidungsgeschäfte und eine Spielhalle, außen gruppieren sich Buden, Stände und fliegende Händler, die täglich bis in den Nachmittag hinein ihre Waren – vor allem Nahrungsmittel – feilbieten. Hier warten auch die meisten *Cidomo*, die kleinen, bunt geschmückten Pferdewagen Lomboks, auf Kunden.

Nördlich breitet sich zwischen der Straße nach Senggigi und dem Meer der **Kampung Arab** ❹, das Arabische Viertel, aus. Mehrere kleine Antiquitätengeschäfte haben sich auf Touristen spezialisiert, die sich durch dieses Viertel zu Fuß auf den Weg zum schlichten **Pura Segara Dalem 5** am nördlichen Stadtrand von Ampenan machen. Der kleine Tempel ist schlicht gestaltet, die Besichtigung der Höfe und der in naivem Stil bemalten zentralen Säule nimmt nicht viel Zeit in Anspruch. Ausgedehnter könnte dagegen ein Spaziergang über den sich nördlich anschließenden **Chinesischen Friedhof 6** ausfallen. Dort sind die zum Teil sehr farbenprächtigen Familiengräber alle nach Westen ausgerichtet, zur untergehenden Sonne hin. Allerdings führen keine angelegten Wege durch das Areal, so dass Besucher gelegentlich Schwierigkeiten haben, aus dem Meer der Grabstätten wieder herauszufinden. Für den Rückweg bietet sich der Weg am Strand entlang zurück zur Jalan Koperasi bzw. zur Jalan Pabean an.

ℹ Praktische Hinweise

Hotels

**Nitour, Jl. Yos Sudarso 4, Ampenan, Tel. 03 64/62 37 80, Fax 03 64/63 65 79. Kleines Stadthotel (20 Zimmer) mit Restaurant und Bar an der östlichen Grenze zwischen Ampenan und Mataram.

Wisata, Jl. Koperasi 19, Ampenan, Tel. 03 64/62 69 71, Fax 03 64/62 17 81. Schlichtes, sauberes Hotel im Zentrum; 3 Min. zum Hafen oder zum Markt.

Restaurant

Cirebon, Jl. Yos Sudarso 113, Ampenan. Eines von mehreren kleinen Restaurants in der Straße; gute indonesische und chinesische Gerichte, große Portionen.

62 Mataram *Plan Seite 104*

Großzügig angelegte Inselhauptstadt und repräsentativer Verwaltungssitz.

Erst Mitte des 20. Jh. trat das bis dahin eher unbedeutende Mataram aus dem Schatten des benachbarten Ampenan, als die indonesische Zentralregierung die Verwaltung der Insel und der Provinz Nusa Tenggara Barat (West Nusa Tenggara) hierher verlegte. Heute prägen breite, baumbestandene Straßen und repräsentative Bauten das Bild der Inselhauptstadt, wie etwa der weiße **Gouverneurspalast 7** in der Jalan Pejanggik.

Die Moschee der Inselhauptstadt macht es deutlich: auf Lombok ist der Islam vorherrschende Religion

Touristen interessieren sich jedoch in der Regel wenig für das rege Treiben um Verwaltungen und Büros. Sie besuchen in Mataram neben der Touristeninformation meist das völkerkundliche **Museum Negeri Propinsi Nusa Tenggara Barat 8**

Im Westen Lomboks lebt auch eine hinduistische Minderheit, die ihre Leichenverbrennungen mit großer Pracht feiert

Farbenfroh – die Musliminnen auf Lombok zeigen sich nur selten schwarz verschleiert

(Di–Do 8–14, Fr 8–11, Sa 8–12.30, So 8–14 Uhr) in der Jalan Panjitilar Negara Nr. 6. Der graue Gussbetonbau lehnt sich stilistisch an die klassische Architektur der Reisspeicher auf Lombok mit ihren hohen, geschwungenen, lanzenförmigen Dächern an. Der Museumskomplex wirkt größer, als er tatsächlich ist. Ein Rundgang durch die beiden Ausstellungshallen dürfte kaum mehr als 1 Std. in Anspruch nehmen. Zu beiden Seiten des überdachten Zugangs stimmen Bilder von traditionellen indonesischen Trachten auf den Besuch ein. Die Exponate und

Schautafeln reichen von der ersten Besiedlung des indonesischen Archipels über Landwirtschaft, Fischerei und Jagd bis hin zu Zahlungsmitteln und Kunsthandwerk. Leider sind die Beschreibungen z. T. nur in Bahasa Indonesia, aber für ausländische Gäste werden auf Wunsch Führungen in englischer Sprache arrangiert.

Keine allzu hohen Erwartungen sollte man an einen Besuch beim **Grab des Generals Van Ham** ❾ in Karang Jangkong knüpfen. Der Vize-Befehlshaber der niederländischen Truppen kam 1894, beim ersten – fehlgeschlagenen – Einmarsch der Niederländer ums Leben. Seine Ruhestätte (*Makam*) liegt versteckt in einem etwa 3 x 3 m großen, abgeschlossenen Hof an der südwestlichen Ecke des **Pura Dalem** von Mataram an der Jalan Panca Usaha. Ein alter Mann aus der Nachbarschaft verwahrt die Schlüssel und öffnet gegen ein kleines Entgelt die Gittertüre. Aber auf der basaltdunklen, schmucklosen Stele sind nur die Worte zu lesen: ›Generaal Mayor P. P. H. Van Ham, Ridder M. W. O. 4e KL, Geboren 10 Feb 1839, Gesneuveld 26 Aug 1894‹ – im Ganzen ein magerer Ausflug in die indonesisch-niederländische Geschichte.

Gunungsari ❿, der nördliche Vorort von Mataram, ist für seinen bunten *Markt* bekannt, auf dem Sasak-Frauen täglich etwa 7–11 Uhr Früchte, Obst, Fisch und Geflügel anbieten. Daneben werden qualitätvolle **Bambusmöbel** und wunderschöne Sasak-Kisten aus Palmholz hergestellt und verkauft.

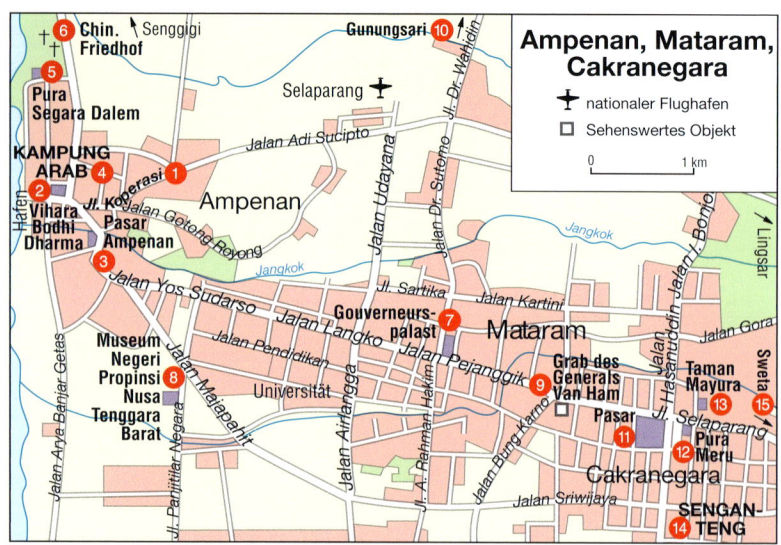

ℹ️ Praktische Hinweise

Information

West Nusa Tenggara Regional Tourism Office, Jl. Singosari 2 (im Südwesten), Mataram, Tel. 03 70/63 48 00, Fax 03 70/ 63 72 33. Informationen zu Lombok und zur Nachbarinsel Sumbawa.

Flughafen

Selaparang International Airport, Jl. Adi Sucipto, Rembiga (nördlicher Stadtrand von Mataram), Tel. 03 70/229 87-108. Taxis mit Festpreisen nach Senggigi und Bangsal. Bemos vor dem Flughafen.

Hotels

***Lombok Raya**, Jl. Panca Usaha 11, Mataram, Tel. 03 70/63 23 05, Fax 03 70/ 63 64 78. Erstes Haus am Platze, zentral am Übergang von Mataram nach Cakranegara gelegen.135 Zimmer, Restaurant, Bar, Swimmingpool.

****Granada**, Jl. Bung Karno 8, Mataram, Tel. 03 70/63 60 15, Fax 03 70/62 38 56. Überschaubare Bungalowanlage, hofartig um einen schattigen Garten bzw. den Swimmingpool angelegt.

Handika, Jl. Panca Usaha 3, Mataram, Tel. 03 70/63 50 49, Fax 03 70/62 50 49. Freundliches Haus mit 32 Zimmern in verschiedenen Preis- und Komfortklassen; zentral gelegen, mit Restaurant.

Sayang, Jl. Bung Karno 16, Mataram, Tel. 03 70/62 53 78, www.villasayang.com. Sechs geräumige Bungalows im Garten vereinen traditionelle Sasak-Architektur mit westlichem Komfort; *Pondok* auf der Veranda, Badezimmer im Grünen.

Restaurants

Dirgahayu, Jl. Cilinaya 10, Mataram, Tel. 03 70/63 75 59. Bescheidenes Äußeres, aber hervorragende lokale Küche. Genau das Richtige, um beispielsweise *Pelecing kangkung*, Wasserspinat in würziger Tomatensoße, oder *Kare kilil*, Kalbsfuß-Curry, zu probieren.

Ibu Kota, Jl. Bung Karno (schräg gegenüber Hotel Granada), Mataram, Tel. 03 70/62 50 63. Gute Sasak-Küche.

TOP TIPP **Sayang**, Jl. Bung Karno 16, Mataram, Tel. 03 70/62 53 78. Das Restaurant des gleichnamigen Hotels bietet ausgezeichnete Sasak-Küche (scharf!). Wer das köstliche Brathuhn, Ayam Taliwang, probieren möchte, muss allerdings vorbestellen.

Einige Häuser in Cakranegara erinnern an die Kolonialzeit

63 Cakranegara

Bunter, umtriebiger Markt mit dem größten Hindu-Heiligtum Lomboks.

Im Osten geht Mataram in Cakranegara über, das lebhafte **Geschäftszentrum** unter den drei zusammengewachsenen Städten. Zahlreiche Einkaufszentren bemühen sich den ganzen Tag über um Kunden. Den zentralen **Pasar** **TOP TIPP** 11 betritt man durch eines der drei Tore im Süden, Westen oder Norden. In den ebenerdigen Ständen und einstöckigen Gebäuden drängen sich die Geschäfte dicht an dicht. Obst und Gemüse, Antiquitäten und Möbel, Kleidung, lebende Tiere – das Angebot ist farbenprächtig, die Gerüche exotisch. Dazwischen schieben sich in den schmalen Durchgängen Schau- und Kauflustige.

Im Osten verbinden knapp 1 m breite Gassen den Markt mit dem angrenzenden Wohn- und Gewerbeviertel. Es lohnt sich, den kurzen Weg durch Gang I zur **Weberei Sari Bunga** (Jl. Umarmaya/Gg. Perku tut 18, tgl. 8–22 Uhr) zu suchen oder einen Standbesitzer danach zu fragen. In der 1983 gegründeten Familienweberei klappern die Webstühle Tag und Nacht. Besucher können sich ein Bild von einheimischen Webtechniken, etwa dem aufwendigen *Ikat*-Verfahren, machen. Rund zwei Tage braucht eine erfahrene Weberin, um 1 m einfachen *Ikat*-Stoff herzustel-

Die zwei höchsten Türme des Pura Meru von Cakranegara sind Wishnu und Shiva geweiht

len. Die Erzeugnisse der 40 fleißigen Frauen können im angrenzenden Laden erworben werden.

Nur 300 m östlich vom Markt befindet sich auf derselben Straßenseite in der Jalan Selaparang der **Pura Meru** ⑫, das größte hinduistische Heiligtum auf Lombok. Der Tempel war 1720 unter Prinz Anak Agung Made Karang entstanden, der hier ein hinduistisches Zentrum schaffen und so mehrere hinduistische Stadtstaaten im Westen Lomboks verei-

nen wollte – was nicht gelang. Im dritten Hof des großen, aber relativ schmucklosen Tempels stehen 33 einstufige, palmblattgedeckte Schreine (*Sangar*) für die balinesischen Gemeinden Lomboks. In ihrer Mitte erheben sich gegenüber einem kleinen Ziehbrunnen drei hohe *Meruh*. Sie symbolisieren *Trimurti*, die göttliche Dreieinigkeit, und jedem ist einer von drei für Hindus heiligen Berge Indonesiens zugeordnet. Der mittlere, elfstufige *Meruh* steht für Wishnu und den Gunung Rinjani auf Lombok. Der neunstufige Schrein im Süden ist Shiva und dem javanischen Gunung Merapi Semiru gewidmet. Das siebenstufige Dach im Norden versinnbildlicht die irdische Wohnstatt Brahmas bzw. den Gunung Agung auf Bali. Das *Odalan* wird jedes Jahr im Juli mit großem Zeremoniell begangen. Nördlich gegenüber dem Pura Meru erstreckt sich der königliche Lustgarten **Taman Mayura** ⑬. Kernstück der 1744 gegründeten Parkanlage ist der Bale Kambang, der ›Schwimmende Pavillon‹ inmitten eines ausgedehnten, rechteckigen Lotosteichs, der einst auch als Rats- und Gerichtsgebäude diente. Über einen steinernen Steg kann man hinüberspazieren. Dieser luftigen Sommerfrische des balinesischen Hofes auf Lombok verdankt der Taman Mayura auch die Bezeichnung ›Wasserpalast‹. Der Name scheint aber trotz der alten Steinfiguren und des geschnitzten und bemalten Balkenwerks übertrieben. Im Osten des baumbestandenen, gepflegten Gartens schließen mehrere Tempel die Anlage ab.

Kampf der Götter – elegante Malerei im Wayang-Stil ziert den Taman Mayura in Cakranegara

Im südöstlichen Stadtteil **Senganteng** 🔴14 kann man in zahlreichen Gehöften bei der Herstellung von *Krupuk kulit*, von köstlichen Büffelhaut-Chips, zuschauen. Östlich von Cakra wuselt das Leben in **Sweta** 🔴15 auf dem Markt, dem größten von ganz Lombok. Hier befindet sich auch der zentrale Busbahnhof der Insel.

Weitere **Shoppingmöglichkeiten** im Stadtgebiet von Cakranegara bieten beispielsweise die Fabrikverkäufe der beiden größeren **Webereien** *Rinjani Handwoven* (Mo–Do und Sa 8.30–20.30, Fr 8.30–11 Uhr, Tel. 03 70/63 31 69) in der Jalan Pejanggik nahe der Mataram Mall sowie *Slamet Riady* (tgl. 8–18 Uhr, Jl. Tanum 10, Tel. 03 70/63 11 96) unweit des Puri Mayura. Eine reiche Auswahl an **Möbeln** und **Kunsthandwerk** finden sich stadtauswärts in den auf Touristen eingestellten Läden an der Jalan Hasanuddin, etwa im *Lombok Handicraft Centre* (tgl. 9–18 Uhr) oder im *Sayang Sayang Art Market* (tgl. 9–18 Uhr). Wer sich für **Keramik** interessiert, sollte in der entgegengesetzten Richtung, im Süden, das *Lombok Pottery Centre* (Tel. 03 70/64 03 51, www.lombok pottery.com) in der Jalan Sriwijaya 111 A besuchen.

Hinreißende Farben und Muster machen die Wahl in derWeberei von Sari Bunga in Cakranegara beinah zur Qual

ℹ️ Praktische Hinweise

Hotels

*Selaparang, Jl. Pejanggi 40–42, Cakranegara, Tel. 03 70/63 26 70. Schmuckloses, doch zentral gelegenes Hotel neben der Weberei Rinjani.

Kartika, Jl. Jayengrana 20, Cakranegara, Tel. 03 70/63 31 29. Ruhiges Hotel in direkter Nachbarschaft zum Markt. Zwölf Zimmer um einen lichten Innenhof.

64 Pura Gunung Pengsong

Kleiner Bergtempel mit überragender Aussicht auf das Umland.

Einen Ausflug wert ist der Gunung Pengsong 9 km südlich von Mataram, dessen Spitze ein bescheidener Tempel krönt. Schon die Anfahrt durch Reisfelder und kleine Gehöfte ist sehr stimmungsvoll. In der flachen Landschaft sieht man die nur knapp 200 m hohe Erhebung als Landmarke schon von weitem. Aber sogar dieser vergleichsweise niedrige Hügel will bezwungen sein. Anfangs sind die Stufen, die vom Parkplatz hinaufführen, noch kniehoch, was das Steigen besonders anstrengend macht. Zwar werden sie oben niedriger, doch die Erleichterung währt nicht lange, denn kurz unter dem Gipfel hören sie ganz auf, und Besucher müssen ihren Weg über die Felsen suchen. Es empfiehlt sich, einen der Jungen als Führer mitzunehmen, die unten auf Touristen warten. Oben ange-

Im Westen von Lombok ist der Hinduismus mit seinen Göttern und Dämonen noch allgegenwärtig

Sanft erhebt sich der grüne Gunung Pengsong in der Ebene südlich von Mataram

kommen, wird man für die Anstrengung reichlich belohnt. Weit schweift der **Blick** über die fruchtbare Ebene, im Westen liegt das Meer, Bali ist deutlich zu erkennen, im Südwesten kann man den Hafen von Lembar ausmachen, und bei schönem Wetter ist östlich der Gunung Rinjani ein erhebender Anblick.

Der Tempel selbst mit seinen drei Schreinen ist nur mäßig interessant. Der östliche ist dem Gunung Rinjani geweiht, der südliche dem Meranggu und der nördliche dem Pangsung. Weitere kleinere Schreine und Grabstelen verbergen sich im Gebüsch auf der recht steil abfallenden Ostseite des Pengsong-Hügels.

65 Lingsar

Hindus und Muslimen gilt dieser Ort gleichermaßen als heilig.

Eine Tempelanlage besonderer Art ist 10 km östlich von Mataram der wie ein Kleinod inmitten von Reisfeldern gelegene Pura Lingsar (tgl. 7–18 Uhr; *Ling* = Stimme, *Sar* = Wasser). Ursprünglich 1714 als Hindutempel erbaut, teilen sich heute die beiden Hauptreligionen Lomboks die heilige Stätte. Im nördlichen, etwas höher gelegenen Abschnitt (*Gaduh*) beten die Hindus, der südliche (*Kemalik*) ist den Wetu-Telu-Muslimen vorbehalten. Zwei der vier Schreine im **hinduistischen Tempel** stehen für die Göttersitze Gu-

nung Agung auf Bali und Gunung Rinjani auf Lombok. Der Doppelschrein dazwischen symbolisiert die Einheit der hinduistischen Bevölkerung von Bali und Lombok. Die große Attraktion im **muslimischen Teil** ist ein kleines Steinbecken,

Babylonische Sprachvielfalt

Auch die Sasak, wiewohl überwiegend Muslime, unterscheiden drei Bevölkerungsschichten (*Grobak*), soz. **Kasten**. Angehörige der Priestergruppe **Jero** nennen sich Radent und Lalu, fürstliche Familienmitglieder und andere Würdenträger der **Bape** tragen die Titel Lalu und Bei. Das ›normale‹ Volk besteht meist aus **Pemakal**, deren Männer Amak und Frauen Dedarre heißen. Jede Gruppe verfügt über eine eigene Sprache. Große Festlichkeiten wie Hochzeiten oder Beschneidungen werden allerdings in der sogenannten ›alten Sprache‹ **Adji Kerama** nach alten Lontar-Aufzeichnungen zelebriert – auch wenn sie kaum noch jemand versteht.

Überdies unterscheiden sich auch die Sasak-Sprachen im Süden (*Meriak Merikuk*) und im Norden (*Bayan*) Lomboks grundsätzlich voneinander. Zur Verständigung untereinander wird auf das Bahasa Indonesia zurückgegriffen.

in dessen klarem Quellwasser heilige Aale leben. Die Tiere lassen sich gerne mit hart gekochten Eiern füttern, die man vor dem Pura Lingsar kaufen kann.

Rechts vom Eingang zu der weitläufigen Anlage ziehen sich über beinahe die gesamte Länge hinter einer schützenden Mauer **Badebecken** hin. Sie werden aus heiligen Quellen gespeist, und auch hier findet sich ein Becken mit heiligen Aalen.

Ungewöhnliches lässt sich jedes Jahr im Dezember zum **Prangketupat-Fest** beobachten, wenn sich in einer halb rituellen, halb scherzhaften Konfrontation Hindus und Muslime gegenseitig mit Reiskuchen bewerfen. Heute kann niemand mehr sagen, woher dieser Brauch stammt und welchem Zweck er einst diente.

Karang Bayan

Empfehlenswert ist ein Spaziergang durch die **Sasak-Siedlung** Karang Bayan nordwestlich von Lingsar. Anders als in den zu einer Art Museum konservierten Dörfern des Südens, sieht man hier neben traditionellen Häusern auch Bungalows neuerer Bauart. Karang Bayan ist ein lebendiges, sich modern entwickelndes Gemeinwesen, in dem man sich über Besucher freut. Jeden Mittwoch um 9 Uhr wird auf dem Versammlungsplatz 500 m links vor dem Ortseingang ein einheimischer Tanz aufgeführt.

Sehr schön ist der kurze, aber steile Abstieg vom Tanzplatz in das **Tal des Meninring-Flusses**, der sich wild schäumend seinen Weg durch riesengroße, rund geschliffene Findlinge sucht.

Verhältnismäßig schmucklos präsentiert sich der Eingang zum Tempel von Lingsar

klaren Bäche, die das eher kleine Tempelgelände durchfließen, wandern sie auch in das zweite Becken, das etwas hangaufwärts im Schatten des Waldes liegt.

Der Pura Suranadi ist vor allem an den Wochenenden beliebtes **Wallfahrts- und**

Bambus- und Korbwaren gehören zu den beliebtesten Souvenirs auf Lombok – und werden von weither auf die Märkte getragen

66 Suranadi

> *Bedeutendes hinduistisches Badeheiligtum am Rand eines Naturparks.*

Nur wenige Kilometer östlich von Lingsar wird die Landschaft schon hügeliger und waldig. In Suranadi, an den Hängen des Bergvorlandes, entspringt eine heilige Quelle, um die das älteste **Hinduheiligtum** Lomboks entstand. In den Felsennischen der Quellbecken leben heilige Aale, die sich von einem der meist anwesenden Priester mit hart gekochten Eiern (selbst mitbringen) oder durch leichte Schläge an die Umfassungsmauer hervorlocken lassen. Die Tiere sind beeindruckend groß und überwältigend gefräßig. Durch die munter murmelnden,

Ausflugsziel; oft übernachten ganze Gruppen von Pilgern in den dafür vorgesehenen *Bale* des ersten Hofes. Ein kleiner Markt und viele (chinesische) Restaurants bieten den Besuchern alles Nötige.

Quellbad Suranadi

Schräg gegenüber dem Tempel liegt am Hang das baulich ansprechende **Suranadi-Hotel** aus der Kolonialzeit. In seinem Garten befindet sich neben dem Restaurant ein ca. 10 x 5 m großes, öffentliches Schwimmbad (tgl. 6–21 Uhr). Es wird aus der heiligen Quelle sowie diversen Bergbächen gespeist. Das kühle Wasser ist verheißungsvoll klar, deutlich erkennt man den kieselbedeckten Boden. Ein Bad hier gehört zu den erfrischendsten Abwechslungen an einem heißen Tag, auch wenn man nicht an die dem Wasser zugeschriebenen Heilkräfte glaubt. Vor allem sonntags ist entsprechend viel los.

Hutan Wisata

Gleich links vom Pura Suranadi öffnet sich der Eingang zu dem 52 ha großen **Naturpark Hutan Wisata Suranadi** (tgl. 8–17 Uhr). Der dichte Wald schafft nach dem gleißenden Sonnenlicht draußen ein gedämpftes Halbdunkel. Hirsche und Rotwild wird man zwar in diesem ehem. Jagdgebiet der balinesischen Rajas nicht mehr zu Gesicht bekommen, aber braune Affen, Vögel und Schmetterlinge gibt es reichlich zu sehen. Allein schon ein Spaziergang unter den hohen Mahagoni- und Fikusbäumen, vorbei an Rambu-

Cidomo heißen die kleinen Pferdekutschen auf Lombok – und sie sind als Transportmittel nicht nur bei Touristen beliebt

Bei Ota Kokok hängen Tabakblätter in langen Reihen zum Trocknen

tan, Durian und Jackfrucht ist ein Genuss. Zu Fuß kann man bis zu 1,5 Std. bergan durch das Areal schlendern.

Praktische Hinweise

Hotel

*Suranadi Hotel, Jl. Raya Suranadi, Suranadi, Tel. 0370/63 36 86, Fax 0370/63 56 30. Recht teuer angesichts der einfachen Ausstattung der 20 Zimmer. Damit versöhnt jedoch die einzigartige Lage beim Wald und an den Quellen.

67 Narmada

Einst königlicher Sommerpalast der Fürsten von Karangasem.

Narmada trägt nicht umsonst den Beinamen *Kota Air*, ›Stadt des Wassers‹. Seine herrlichen **Terrassengärten** (tgl. 7–18 Uhr) erstrecken sich über 7,5 ha entlang von Badebecken und einem künstlichen See. 1772 ließ König Anak Agung Gede Ngurah Karangasem die Gärten als Nachbildung des Gunung Rinjani mit dem Kratersee Segara Anak anlegen. Es geht die Geschichte, dass der Fürst seine jährliche Wallfahrt auf den Gipfel des Gunung Rinjani hier im Kleinen vollzog, nachdem er für die tatsächliche Besteigung des Berges zu gebrechlich geworden war. Andererseits mag es auch stimmen, dass er sich vor allem am Anblick seiner badenden Frauen erfreute.

Heute planschen vor allem Jungen unbeschwert im kühlen Nass der großen Becken oder tummeln sich bei den Wasserspielen. Störend wirkt allerdings das inmitten der Anlage errichtete Sportbad, um so mehr, als es meist geschlossen ist. Auch das einfache Ziegelhäuschen mit der Quelle des ›Jungbrunnens‹ (*Air Awet Muda*) darf man nur nach Vereinbarung mit einem Hindupriester und mit Opfergaben betreten. Ansonsten geht es auf den schattigen Wegen der Terrassen recht lebhaft zu: Zahlreiche Händler bieten T-Shirts, Kunsthandwerk und *Sarung* an. Erfrischungen gibt es allerdings nur außerhalb zu kaufen, z. B. in den *Warung* rund um den gegenüberliegenden kleinen Markt von Narmada.

68 Ota Kokok

Beliebter Badeplatz für Einheimische.

Die schmale Landstraße von Narmada Richtung Berge führt mitten durch das Herz des hiesigen **Tabakanbaugebiets**. Allenthalben stehen die fensterlosen Ziegeltürme zwischen den Feldern, in denen nach der Ernte die noch grünen Tabakblätter über einem Feuer getrocknet und fermentiert werden. Daneben ist die **Ziegelherstellung** aus dem lokalen rötlichen Ton ein weiteres wirtschaftliches Standbein der Region.

Nach einem letzten steilen Wegstück liegen die **Quellen** von Ota Kokok am Ende der Straße links im Tal. Das frische Quellwasser sammelt sich in natürlichen Felsbecken am grün überwucherten Hang. Es wird auch in ein gekacheltes Schwimmbecken geleitet, das trotz seines verlockenden Funkelns leider nicht den saubersten Eindruck macht. Die ganze Anlage ist jedoch hübsch in mehreren Terrassen angelegt und vereinzelte *Pondok* laden zu einem Picknick in dem ausgedehnten Garten ein.

69 Loyok und Kotaraja

Kleine Dörfer – groß im Flechten.

Das Dörfchen Loyok in Zentral-Lombok machte sich einen Namen als Herstellungsort feiner **Flechtwaren**. Rings um die einzige Straßenkreuzung sind in den Läden Körbe, Taschen, Etuis und Matten dicht an dicht ausgestellt. Sie werden in den Hinterzimmern und angrenzenden Werkstätten in Heimarbeit aus Bambus, Gras und Rattan gefertigt. Es ist erstaun-

lich, mit welcher Fingerfertigkeit aus den Bündeln gespaltenen Bambusrohrs die kleinen, oft bunt gemusterten Kunstwerke entstehen.

Der nördlich von Loyok gelegene Verkehrsknotenpunkt Kotaraja genießt ebenfalls einen guten Ruf in Sachen **Kunsthandwerk** und Flechterei. Der kleine Markt ist aber mehr auf einheimische Bedürfnisse zugeschnitten. Den hochtrabenden Namen Kotaraja, ›**Stadt der Könige**‹, verdankt der Ort zwei Prinzen von Langko, die vor mehreren hundert Jahren hierher flüchteten.

70 Tetebatu

Ausgedehntes Waldwandergebiet in kühler Bergregion.

An den südlichen Ausläufern des Rinjani-Massivs liegen in rund 400 m Höhe verstreut die Häuser des kleinen Tetebatu. Nördlich beginnen bereits die immergrünen Wälder der mittleren Berglagen. Das moderate Klima und die zum Wandern wie geschaffene Umgebung haben sich unter Touristen herumgesprochen, so dass mittlerweile eine Reihe von *Losmen* die bergan führende Straße säumen. Endpunkt der Sackgasse ist rechts

Die Hotelanlage Soedjono ahmt mit den hohen Giebeln den traditionellen Baustil der Kornspeicher auf Lombok nach

Martialische Traditionen haben bis heute Bestand: Stockkämpfer bei Tetebatu

hinter dem *Ojek*-Treffpunkt der dörflichen Motorradjugend beim herrlich gelegenen Soedjono-Hotel.

Von der Weggabelung geht man nach links 4 km auf ausgeschilderten Pfaden in nordwestlicher Richtung, um zum **Hutan Wisata** zu gelangen. In den hohen Mahagonibäumen des ›Besucherwaldes‹ leben Unmengen kleiner schwarzer Affen, die jedes Eindringen in ihr Revier mit aufgeregtem Kreischen quittieren.

6 km östlich von Tetebatu ergießt sich der **Jukut-Wasserfall** über eine grün überwucherte Talwand. Er ist nicht hoch, aber inmitten des dichten Dschungels ein wohltuender Anblick.

Zu Fuß oder mit einem *Cidomo* ist das 7 km südlich von Tetebatu gelegene Dorf **Ledang Nangka** leicht zu erreichen. In den offenen Betrieben entlang der Hauptstraße kann man **Schmiede** bei der Arbeit beobachten. Sie stellen auch heute noch mit einfachsten Werkzeugen Messerklingen oder Hufeisen her.

Vor allem im August hat man in und um Tetebatu, namentlich in Lendang Nangka, mitunter Gelegenheit, einem **Peresehan-Wettkampf**, einem Stockkampf der Sasak zuzuschauen. Bei dieser Mischung aus Unterhaltung, Kraft- und Geschicklichkeitsübung mit religiösem Einschlag gehen zwei Männer mit langen Bambusstangen aufeinander los. Zur Abwehr der gegnerischen Schläge und Stöße dient lediglich ein kleiner, rechteckiger, mit Büffelleder bespannter Schild. Ein Schiedsrichter beaufsichtigt die Kämpfe, trotzdem geht es dabei oft recht rau zu und groß ist die Ehre des Siegers. Anders als auf Bali werden solche Wettkämpfe auf Lombok nicht öffentlich angekündigt; wer einmal zusehen will, sollte sich gezielt erkundigen.

ℹ️ Praktische Hinweise

Hotels

Pondok Tetebatu, an der bergwärts führenden Dorfstraße, Tetebatu. Zwölf einfache Zimmer; deutsche Besitzerin.

Wisma Soedjono, Tetebatu Sikur, Tel./Fax 03 76/221 09. Von Wald umgebenes Haupthaus in holländischer Kolonialarchitektur mit verblichenem Charme, dahinter am Hang 33 Bungalows in traditionellem Lombok-Stil. Restaurant.

71 Pringgasela

Wenig touristisches Weberdorf.

Bei einem Gang durch Pringgasela hört man aus allen Häusern das rhythmische Klappern der **Webstühle**. Viele Frauen arbeiten noch mit den traditionellen beweglichen Webrahmen, die um die Hüften geschnallt werden. Die ca. 50 cm breiten Stoffbahnen werden abschließend zu farbenprächtigen Decken und *Sarung* zusammengenäht. Geschäfte und touristisches Treiben halten sich hier aber in Grenzen.

Oft sieht man an der staubigen Hauptkreuzung die Männer beim **Kreiselspiel**. Dieses *Gansing* ist eine durchaus ernste Angelegenheit, bei der zwei Gruppen – oft aus verschiedenen Dörfern – mit Geschick und Taktik versuchen, die gegnerischen Kreisel (König, Minister etc.) aus dem Rennen zu werfen. Nicht selten geht bei solchen Turnieren die Wettleidenschaft mit den Zuschauern durch und schnell kommt der Verdacht auf, eine Partei habe mit Hilfe von Schwarzer Magie manipuliert. Wie wichtig dieses Spiel genommen wird, sieht man auch an den Kosten: Für einen metallverstärkten Kreisel aus extrem hartem Tamarindenholz wird ein wahres Vermögen bezahlt.

ℹ️ Praktische Hinweise

Hotel

Rainbow Rasta, bei Suhaidi Rangga, Pringgasela, Tel./Fax 03 76/62 22 98. Sehr einfache, saubere Zimmer mitten im Dorf, Familienanschluss garantiert. Der Besitzer Rangga spricht Deutsch und Englisch.

72 Sukarara

Bekanntestes der traditionellen Weberdörfer.

Über mehrere Kilometer hin erstreckt sich das lang gezogene **Weberdorf**, dessen Besuch zum Standardprogramm jedes Reiseveranstalters auf Lombok gehört. Es ist interessant, die Vorführungen der traditionell – mit einem schwarzen, an den Rändern farbig eingefassten Oberteil zum *Sarung* – gekleideten Weberinnen zu beobachten, die tagein, tagaus die alte Kunst des Handwebens demonstrieren. Allerdings bleibt es fraglich, ob ein Einkauf in einem der angrenzenden Läden wirklich ein so gutes Geschäft ist, wie Führer oft anpreisen. Unzweifelhaft finden Besucher hier eine breite Auswahl schöner Stoffe. Aber Sukarara ist auch für seine hohen Provisionen (bis zu 50 %) bekannt, die natürlich auf die Preise aufgeschlagen werden.

73 Penunjak

Das schnell wachsende Dorf gilt als Zentrum der Töpferei Lomboks.

Auf der Straße werden große Tonkrüge für den Versand verpackt und in den Hinterhöfen stehen die einfachen Ziegelöfen der Töpferfamilien. Penunjak ist für seine rot-schwarzen **Töpferwaren** berühmt und es gibt es kaum einen besseren Ort auf Lombok, um bei der Herstellung zuzusehen oder in einem der zahl-

In den Hinterhöfen von Penunjak werden – oft mit ganz einfachen Mitteln – Töpferwaren gebrannt

reichen Geschäfte entlang der Hauptstraße aus der reichen Auswahl ein Erinnerungsstück auszusuchen. Dabei ist die Töpferei auf Lombok relativ jungen Datums. Vor noch rund 30 Jahren stellten nur vereinzelte Familien Töpfe, Schalen und andere Gebrauchsgegenstände her. Als aber zunehmender Tourismus und internationale Entwicklungshilfeprojekte für wachsende Nachfrage sorgten, verlegten sich bald ganze Dörfer auf dieses Handwerk. Besonders hübsch sind die äußeren feinen Rattanumflechtungen, die der zerbrechlichen Ware zusätzlichen Halt und Schutz gewähren.

74 Sade und Rembitan

Bekanntestes Sasak-Dorf im Süden, das sich als eine Art Freilichtmuseum darbietet.

An der gut ausgebauten Straße von Praya nach Süden, Richtung Kuta, liegt linker Hand auf einem steilen Hügel das palisadenumgebene Sade, das zum Dorfverband von Rembitan gehört. Viele Touristenbusse finden den Weg hierher, hat es sich doch den **traditionellen Aufbau** und die althergebrachten Hausformen größtenteils erhalten. Ein steiler, mit breiten Steinplatten gepflasterter Hohlweg führt vom Fuß des Hügels hinauf ins eigentliche Dorf. Schon unten werden die Besucher von jungen Männern in Empfang genommen, die sich als Führer anbieten. Sie sind aber meist nicht aus dem Dorf und später wird oben nach

Braune Hüte – die Speicherdächer in einem traditionellen Sasak-Dorf sind mit Palmblättern oder Alang-Alang-Gras gedeckt

dem offenbar obligaten Eintrag ins Gästebuch noch ein weiterer Obolus für die Dorfkasse erwartet.

Ein Rundgang durch das alte Sasak-Dorf ist außerordentlich interessant, schon wegen der traditionellen hölzernen **Stelzenhäuser** und der **Kornspeicher** mit den hohen Giebeln. Daneben sieht man Wasserbüffel dicht gedrängt in ihrem Gatter. Früher wurden unten in den Häusern Tiere gehalten, in der Mitte lebten die Menschen und oben lagerten Vorräte. Aus hygienischen Gründen hat jedoch die indonesische Regierung die Tierhaltung im Haus verboten.

Vor den Häusern sitzen die Frauen in Gruppen beisammen, der Eintritt in die Gebäude wird gern erlaubt, zumal bei dieser Gelegenheit lokale **Webarbeiten** angeboten werden. Die Stücke sind oft sehr schön, aber meist teurer als auf dem Markt in Sweta. Und wenn gar eine Frau die Hand ausstreckt und um Geld oder Kauf bittet – ›Untuk nasi‹, ›für etwas Reis‹

–, dann erhält die hier zur Schau gestellte Einheimischen-Romantik schnell einen schalen Beigeschmack.

Von der Straße aus sieht man – auf der rechten Seite in Richtung Kuta – das Blechdach der **Moschee** schimmern. Sie gilt als typisch für den Stil der Wetu-Telu-Muslime, ist jedoch für Andersgläubige in der Regel nicht zugänglich.

75 Kuta

Nach wie vor ein Geheimtip unter den weißen Stränden Lomboks.

Wer weiß, wie lange das kleine Dorf Kuta oder Kute mit seinem breiten, weißen Sandstrand **Mandalika** und dem sanft anbrandenden Meer noch im Dornröschenschlaf liegt. Bislang säumen lediglich einige einfache *Losmen* und Restaurants den langen wunderschönen Sandstrand, doch harren die vielen ver-

Wenn auch Trockenreisanbau vorherrscht, so sieht man im Herzen Lomboks doch auch sorgsam angelegte Reisterrassen

Noch präsentieren sie sich nahezu unberührt – die hellsandigen Traumstrände von Kuta

steckten Buchten des Südens ihrer Erschließung. Vorreiter ist das internationale Hotel *Novotel Coralia Lombok* (s. u.), doch hat auch hier der Besuchereinbruch nach den Bombenattentaten von Bali 2002 und 2005 die Hoffnungen auf schnelle Entwicklung weitgehend zerstört. Doch die Bewohner Kutas sind sich sicher: eines Tages werden sie Senggigi als touristisches Zentrum ihrer Insel abzulösen.

Die natürlichen Rahmenbedingungen jedenfalls stimmen: Es gibt breite Strände, Anpflanzungen sorgen für Schatten und stetig lockt das tiefe Blaugrün des Meeres. Kuta ist ein unglaublich schönes Stück Erde und es steht zu hoffen, dass die Entwicklungsplanung behutsam damit umgeht, wenn sie diese Schönheit vielen Besuchern zugänglich macht.

TOP TIPP Tanjung A'an

5 km östlich von Kuta, an der Straße nach Gerupuk, locken Wind und Wellen die **Surfer** mit idealen Bedingungen. Der weite **Sandstrand** ist blendend weiß und quasi menschenleer, lediglich einige Händler bieten in der fast halbkreisförmigen felsumsäumten Bucht ihre Waren an. Das wird wohl so bleiben, jedenfalls solange die Anfahrt nur über die schlaglochübersäte Piste führt (– und nach Re-

genfällen praktisch unmöglich ist). Weitere paradiesische aber nicht ganz einfach zu erreichende Surfbuchten Richtung Osten sind Guling, Mawi, Mawun und Selong Belanak.

ℹ **Praktische Hinweise**

Information

Tourist Office, Kuta, Tel. 03 70/65 52 69. Unregelmäßig geöffnet.

Hotels

****Novotel Coralia Lombok, Mandalika Resort**, Pantai Putri Nyale (zwischen Kuta und Tanjung A'an), Tel. 03 70/65 33 33, Fax 03 70/65 35 55, www.novotel-lombok.com. Die angenehm überschaubare Komfort-Anlage am wunderschönen Sandstrand lässt keine Wünsche offen. 85 Zimmer, 23 Bungalows im Sasak-Stil, Swimmingpool, 2 Bars, Restaurant.

In Kuta selbst finden sich mehrere Losmen, von einfach bis gehoben, mit Restaurants beidseits der Küstenstraße, etwa 50 m vom Strand entfernt. Z. B.:

Segare Anak, Kuta, Tel. 03 70/65 48 46. Bungalows im großen Garten.

Sekar Kuning, Kuta, Tel. 03 70/65 48 56. Nett und mit Swimmingpool.

Heroisches Opfer

Den Beinamen ›Insel der glitzernden Prinzessin‹ verdankt Lombok der Geschichte um die Prinzessin Putri Nyale. Der Sage nach wollte sie keinen der vielen Bewerber um ihre Hand zurückweisen und stürzte sich um der gesellschaftlichen Harmonie willen an dem nach ihr benannten Strand bei Kuta ins Meer. Sie verwandelte sich in die **Nyale-Würmer**. Diese zeigen sich seitdem in einer einzigen Nacht des Jahres, am 19. Tag des 10. Monats des Sasak-Kalenders (Februar/März). Es ist jedesmal ein großes Fest, wenn die Myriaden von Tieren Meer und Sand geradezu übersäen und ihre Leiber bei jeder Bewegung geheimnisvoll glitzern. Dann werden so viele von ihnen wie nur irgend möglich in Körbe und Säcke gesammelt, um sie später auf den Feldern auszubringen, damit diese bei der nächsten Ernte gute Früchte tragen. Bis in die Morgenstunden dauert die Arbeit. Das anschließende **Fest** ist eines der ausgelassensten der Insel, an dem vor allem die heranwachsenden Mädchen und Jungen ihren Spaß haben, da zu diesem besonderen Anlass die sonst so strengen erwachsenen Wächter über Sitte und Anstand schon mal ein Auge zudrücken.

76 Sekotong

Traumstrände an kristallklarem Meer warten darauf, entdeckt zu werden.

Die südwestliche Halbinsel Sekotong (auch: Batugendeng) mit dem Hauptort **Pelangan** rühmt sich, vor dem kleinen Ort Bangko-Bangko im äußersten Westen eines der besten **Surfreviere** Lomboks zu besitzen. Dazu kommt ein wahrer Pazifiktraum entlang der Küste: Um einen mager bewachsenen Höhenzugs im Landesinneren reihen sich kleine, versteckte Buchten mit langen Stränden, deren feiner, heller Sand überall von perfekter Schönheit ist. Langsam aber sicher wird denn auch dieser noch größtenteils noch unberührte westlichste Ausläufer Lomboks erschlossen.

Westlich von Pandanan liegt im flachen Küstengewässer eine streng bewachte staatliche **Perlenzucht**, die leider nicht zu besichtigen ist. In den weiten Buchten von Pelangan und Labuhan Poh erwecken die großen Bambusaufbauten der Fischerboote bzw. der mobilen **Fisch**- und **Krebsfarmen** Interesse. Die zahlreichen vorgelagerten **Inselchen** verlocken dazu, ein Boot zu mieten (bei den Fischern fragen) und einfach in die Einsamkeit überzusetzen.

ℹ Praktische Hinweise

Hotel

Sekotong Indah Beach, Jl. Raya Pelabuhan (Küstenstraße), kein Telefon am Ort, Informationen unter Tel. 08 18/36 23 26. Überraschung am perfekten Strand von Sekotong gegenüber den Gilis (Inseln) Nanggu, Tangkong und Medang. Einfache Bungalows mit 18 Zimmern, von denen die großen, sauberen Cottages sehr zu empfehlen sind. Restaurant.

77 Senggigi

Weißsandiges Zentrum für Badetouristen.

Für klassischen **Strandurlaub** ist Senggigi Beach auf Lombok *die* Adresse. Kilometerlang ziehen sich in der ausgedehnten Bucht 8 km nördlich vom Flughafen Selaparang in Mataram die feinen, weißen Sandstrände hin. Besonders beeindruckend sind die herrlichen Sonnenuntergänge, wenn der glutrote Ball hinter dem balinesischen Gunung Agung versinkt. Touristische Infrastruktur ist reichlich vorhanden, wenn auch deutlich weniger und gemäßigter als auf Bali. Ein besonderes Erlebnis ist von Senggigi aus die gut einstündige Bootsfahrt zu einem **Tauch**- und **Schnorchelausflug** bei den weiter nördlich gelegenen Gilis [s. S. 120 ff.]. Nicht ganz so weit ist es zu den küstennahen *Karang biru*, den einzigartigen blauen Korallen.

Direkt am Strand liegen die großen Hotels, die sich mittlerweile bis nahe an den nördlichen Stadtrand von Ampenan hinziehen. Hier wird **Wassersport** aller Arten angeboten, trotzdem genießen viele Urlauber einfach die ruhige, entspannte Atmosphäre. Was nicht heißen soll, dass es keine Strandhändlerinnen gäbe, die *Sarung*, Armbanduhren und Parfüms verkaufen. Über Sonne und Sand hinaus bieten im Zentrum von Senggigi ein Kunsthandwerksmarkt so-

Die weite Bucht von Senggigi ist eines der beliebtesten Ziele von Lombok-Urlaubern

wie mehrere Supermärkte und Restaurants Abwechslung und Zerstreuung. Sogar eine Diskothek lockt, die jedoch hauptsächlich an den Wochenenden frequentiert wird – dann aber heftig. Innerhalb des lang gezogenen Areals von Senggigi liegen die Restaurants oft weit verstreut. Deshalb ist ein kostenloser Shuttle-Service üblich, der Gäste abholt und wieder in ihr Hotel zurückbringt.

Batu Bolong

Ein schöner Ausflug führt zum südlich gelegenen hinduistischen **Meeresheiligtum** Batu Bolong. Leider ist es zu Fuß am Strand entlang wegen der vorgelagerten Felsen nur bei Ebbe zu erreichen. Ansonsten führt die *Bemo*-Route direkt am Tempeleingang vorbei. Die kleine Anlage erstreckt sich auf zwei Ebenen. Vom Eingang (Gästebuch und freiwilliger Obolus) führen mehrere Stufen auf einen kleinen Felsen, auf dem zwei wenig beeindruckende Schreine durch das Grün der Bäume lugen.

Auch im unteren Teil, der auf einer ins Meer hinausragenden Felszunge liegt, ist das Besondere nicht der Baukomplex, sondern die beeindruckende Naturszenerie: Der Weg hinaus führt an einem **Felstor** vorbei, in das mit aller Macht das Meerwasser drängt. Vor allem bei Flut

wird das Tor ganz von den anbrandenden Wassermassen gefüllt. Sie geben einen tiefen brausenden Ton von sich und türmen sich dahinter – knapp vor dem gemauerten Steg – zu gischtsprühenden Bergen auf. Diesem Schauspiel hat der Tempel auch seinen Namen zu verdanken, denn Batu Bolong bedeutet ›Loch im Fels‹. Von der kleinen, gemauerten Plattform vor den unteren Schreinen hat man einen schönen Blick über die ganze nördliche Bucht von Senggigi.

ℹ️ Praktische Hinweise

Hotels

****Holiday Resort**, Senggigi Beach, Tel. 03 70/ 69 34 44, Fax 03 70/69 30 92. 5 ha große Anlage 10 km nördlich von Senggigi am Strand von Mangsit. 156 Zimmer und Suiten. Pool, Bar, 2 Restaurants.

TOP TIPP ****Intan Laguna**, Senggigi Beach, Tel. 03 70/69 30 90, Fax 03 70/ 69 31 85, www.intanhotels. com. Sehr freundliches Luxushotel unter deutscher Leitung direkt am zentralen Strand von Senggigi gelegen. 123 Bungalow-Zimmer in gepflegtem Garten, mehrstöckiges Haupthaus, 2 Bars, 2 Restaurants. Wassersport, Tenniscourt, Massagen am großen Swimmingpool.

Romantik pur im Strandrestaurant des Sheraton-Hotels von Senggigi

****Sheraton Senggigi Beach Resort**, Km 8, Senggigi Beach, Tel. 03 70/69 33 33, Fax 03 70/69 31 40. Das Hotel im Norden der Senggigi-Bucht hält alles, was der Name verspricht. 156 Zimmer, buchtenreicher Swimmingpool, 2 Restaurants, 3 Bars.

***Jayakarta Lombok**, Jl. Raya Senggigi Ampenan (5 km südlich Senggigis am Meninting-Strand), Tel. 03 70/ 69 30 45, Fax 03 70/69 30 43. Ruhiges, komfortables Hotel mit 76 Zimmern), hoteleigener Kinderspielplatz, Swimmingpool. Karaoke Lounge, 2 Restaurants.

Bei Senggigi liegt Lomboks unbestrittenes touristisches Zentrum

***Senggigi Beach Hotel Aerowisata**, Jl. Pantai Senggigi, Senggigi Beach, Tel. 03 70/69 32 10, Fax 03 70/69 32 00. Großzügige Anlage am Strand (148 Zimmer) mit 2 Bars und 3 Restaurants. Vielfältiges Sportangebot, u.a. mit Tauchschule.

****Puri Bunga Beach Cottages**, Senggigi, Tel. 03 70/69 30 13, Fax 03 70/ 69 32 86. Gelungene Mischung aus balinesischer und Sasak-Architektur. 50 geräumige Bungalows liegen malerisch am steilen Hang und bieten grandiose Fernsicht. Restaurant, Bar, Pool.

Restaurants

TOP TIPP **Alang-Alang**, Jl. Raya Mangsit Senggigi 328, Senggigi, Tel. 03 70/ 69 35 18. Romantisches Ambiente in versteckter Bucht nördlich von Senggigi, dazu erstklassige indonesische Küche. 18 Komfortbungalows (www. alang-alang-villas.com) und Pool anbei.

Bayan, Jl. Raya Senggigi, Senggigi, Tel. 03 70/69 36 16. Schickes Restaurant mit Bar, tgl. ab 19.30 Uhr Live-Musik; anbei eine kleine, aber feine Galerie.

Nyiur (Coconut), Senggigi Kerandangan, Senggigi, Tel. 03 70/69 31 95. Traditionelles Restaurant in schöner Hanglage; mitunter Tänze oder *Wayang kulit* (Schattenspiel).

TOP TIPP **Sambhu**, Grya Senggigi, Tel. 03 70/69 31 38. Kleines Restaurant südlich von Senggigi in einem Dorf abseits der Touristenwege. 10 m langes Seewasser-Aquarium, Minigolf für Gäste frei. Di–So 17–22 Uhr.

Der Nordosten –
karge Schönheit um den heiligen Berg

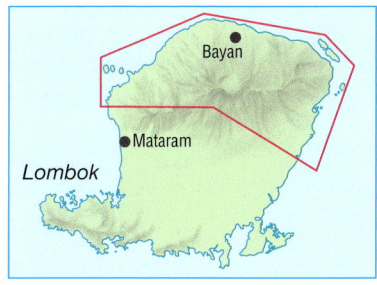

Nördlich und östlich der zentralen Berge wird die Landschaft Lomboks zusehends karger, trockener, tendiert farblich zu Braun, Schwarz und Olivgrün. Das liegt nicht zuletzt an den wiederholten Ausbrüchen des **Gunung Rinjani**, des heiligen Berges der Insel, dessen wolkenverhangener Gipfel als Sitz der Götter gilt. Seine unteren Hänge sind dicht mit Grün bewachsen und oft ergießt sich kühles Bergwasser als erfrischende Kaskade talwärts.

Die muslimischen Sasak im Norden und Osten sind Fremden gegenüber zurückhaltender als ihre südwestlichen Nachbarn. Das mag auch daher rühren, dass diese Region nur bedingt touristisch erschlossen ist. Die einzige Ausnahme bilden die vorgelagerten **Gilis**, deren traumhafte Strände und Schnorchelreviere viel besucht werden. Dabei sind auch die schwarzsandigen Vulkanstrände bei **Bayan** oder **Labuhan Haji** auf Lombok sehr schön. Aber noch übt man sich hier in der Anwendung der Regionalslogans: Der für den Osten lautet ›Patut Karya‹, ›harmonische Zusammenarbeit‹, der für Zentrallombok ›Tatas Tuhu Trasna‹, ›sanftmütiges Wissen, Geduld, Gerechtigkeit‹.

78 Baun Pusuk

TOP TIPP

Bergpass mit weitem Panoramablick von der Passhöhe aus und einem Heer von Affen.

Die Küstenstraße von Senggigi nach Bangsal ist nicht zu empfehlen, da sie schlecht ausgebaut bzw. in Teilen sogar unterspült und gefährlich ist. Als Verbindung von Mataram in den Norden dient die gut befahrbare **Passstraße** über den 300 m hohen Baun Pusuk in den westlichen Bergausläufern. Im kühlen Schatten des hochstämmigen Waldes leben graue Affen. Anders als auf Bali gelten die possierlichen Tierchen den Sasak nicht als heilig, werden aber trotzdem gerne gefüttert – vor allem von Touristen.

Überraschend plötzlich erreicht die sich stetig bergan windende Straße in einer scharfen Rechtskurve den Pusuk-Pass. Im Norden fallen die Hänge wieder sanft ab und durch die locker stehenden Bäume kann man das Tal unten erspähen. Besser aber ist es, zu dem schlichten Gasthaus linker Hand hochzusteigen. Im hinteren Teil stehen am Rand des Bergkamms zwei öffentliche *Pondok*. In ihrem

Schatten kann man ungestört den weiten **Blick** genießen. Rechts schimmert das Asphaltband der Straße durch das grüne Blätterdach der Talflanke. Geradeaus geht der dichte Wald langsam in die mit Feldern grüngelb gesprenkelte Ebene über und am Horizont, hinter Bangsal, ist gar das Meer auszumachen.

Auf Lombok werden Affen nicht als heilig verehrt, aber possierlich sind sie trotzdem

Wahre Südseeatmosphäre verbreitet Gili Air mit seinen strohgedeckte Hütten und den Palmen am feinsandigen Strand

ℹ️ Praktische Hinweise

Hotel und Restaurant

Pusuk Permai Cottages & Garden Restaurant, kein Telefon am Ort, Reservierung unter Tel. 03 64/62 37 80. Im Süden des Passes, westlich der Straße. Grandiose Aussicht vom bodenständigen Terrassenrestaurant. Sieben Zimmer in geräumigen Hang-Bungalows. Nicht immer Strom aus dem Generator.

Gili Air ist wegen seiner Korallenriffe als Schnorchelparadies besonders beliebt

79 Gili Air, Gili Meno und Gili Trawangan

Kristallklares Wasser und farbenprächtige Korallenriffe machen die Inselchen zu einem spannenden Tauch- und Schnorchelparadies.

Die drei vorgelagerten Inselchen Gili Meno, Gili Air und Gili Trawangan im Nordwesten Lomboks werden unter der Bezeichnung **Gilis** zusammengefasst. Sie sind am besten vom kleinen Hafenort **Bangsal** aus zu erreichen, der jedoch selbst – außer einigen schönen Sandstränden etwa um das Dorf Sira – keine nennenswerten Sehenswürdigkeiten bietet.

Unter Freunden des **Unterwassersports** genießen die **Gilis** einen hervorragenden Ruf. Auf allen drei Inseln kann man direkt vom Strand zum Schnorcheln hinauswaten – oder, wo vorhanden, doch lieber die Stege benutzen, um nicht auf die Korallen treten! Von der Schönheit der blendendweißen Strände, dem klaren Wasser, das noch in einigen Metern Tiefe jede Einzelheit der bizarr geformten Korallen erkennen lässt, und der farbenprächtigen Unterwasserwelt kann man nur schwärmen! Ausflüge auf eine oder mehrere der Inseln sind ein Muss – und ein Genuss – für Lombok-Urlauber.

Auf allen drei Gilis gibt es zahlreiche einfache *Losmen*. Daneben entstanden vor allem auf Gili Trawangan in den letzten Jahren komfortablere, wenn auch gleichfalls familiäre Unterkünfte.

Gili Air, die kleinste der drei Inseln, liegt Lombok am nächsten und wird gern für eine Stippvisite aufgesucht. Am geschäftigsten zeigt sie sich rund um die Mini-Ansiedlung im Süden.

Auf **Gili Meno**, der mittleren, geht es vergleichsweise ruhig zu. Dabei sind gerade ihre **Korallenriffe** unglaublich schön. Man kann in 20 Min. von der Westküste aus einen **Salzsee** erreichen, an dem in der heißen Jahreszeit auch wirklich Salz gewonnen wird. Ansonsten brüten an seinen Ufern Myriaden von Stechmücken – entsprechende Vorsichtsmaßnahmen sind anzuraten.

Die meisten Besucher zieht **Gili Trawangan** an, die größte der drei Inselschwestern. Wer länger hierbleibt, kann

Keep smiling – die Gilis stehen wegen ihres Wassersport- und Freizeitangebots bei jungen Leuten hoch im Kurs

sie mit einem *Cidomo* in einer guten Stunde umrunden. Bei einem Tagesausflug wäre es aber schade, die Zeit nicht im oder am Wasser zu verbringen. Die besten Schnorchelplätze liegen im Osten gleich gegenüber der von *Losmen* gesäumten, staubigen ›Haupt‹-Straße. Oder man lässt sich mit dem Boot zum Tauchen bringen, etwa zum **Shark Point** auf der Westseite (Riffhaie) oder zum südlichen **Sting Ray Reef** (Stachelrochen).

ℹ️ Praktische Hinweise

Hotels

*******The Oberoi**, Medana Beach, bei Tanjung, gegenüber den Gilis auf Lombok gelegen, Tel. 0370/63 84 44, Fax 63 24 96, www.oberoihotels.com/lombok. 50 luxuriöse Villen und Pavillons der Extraklasse in annähernd 10 ha großem Garten, ruhig und versteckt am privaten Strand mit jedwedem Wassersportangebot. Traumhaft schöner Swimmingpool, Bar, Restaurant.

Casablanca Cottages, Gili Meno, Tel. 0370/63 38 47, Fax 0370/69 34 82. Überraschender Komfort 100 m vom Strand entfernt. Winziger Swimmingpool, Restaurant. Indonesisch-japanisches Besitzerehepaar.

Desa Dunia Beda, Gili Trawangang, Tel. 0370/64 15 75, Fax 0370/64 15 85, www.desaduniabeda.com. Sechs schöne Bungalows in traditionellem Stil, ohne AC und TV, in großem Garten. Toller Swimmingpool.

Ganz unscheinbar wirkt die strohgedeckte Wetu-Telu-Moschee in Bayan, und doch ist sie eines der größten Heiligtümer Lomboks

80 Bayan

Größtes und ältestes Wetu-Telu-Heiligtum der Insel.

Auf dem Weg nach Senaru bzw. zum Gunung Rinjani passiert man in dem gartengrünen Dorf Bayan die älteste **Wetu-Telu-Moschee** Lomboks (unregelmäßig geöffnet). Sie wird als Gotteshaus genutzt, aber seit ihrer Renovierung 1990 von der Regierung verwaltet.

Der legendäre Religionsgründer – sein Name ist heilig und darf nicht ausgesprochen werden – soll nach seinem Tod direkt zu Allah aufgefahren sein, die Gräber seiner neun Nachfolger sind jedoch in einer lang gestreckten Bambushütte rechts von der Moschee zu sehen. Das Betreten des schlichten runden **Gotteshauses** aus Bambus und *Alang-alang-*Gras ist Ungläubigen verboten. Aber von der niedrigen Tür aus sieht man die geschnitzten Vögel und Fische im Dachgebälk. In dem leeren Raum mit dem sauber gefegten, gestampften Lehmboden wirkt der mit Drachen beschnitzte Sitz des Vorsprechers um so eindrucksvoller. Die größte *Beduk-*Trommel links wird zu den fünf muslimischen Gebetszeiten geschlagen, wobei den Wetu-Telu-Anhängern nur die drei frühmorgens, mittags und nachmittags wirklich wichtig sind.

Überhaupt ist die **Zahl Drei** der Grundpfeiler, auf dem dieser Glaube beruht. Dreifach offenbarte sich Gott in Adam, Mohammed und dem Wetu-Telu-Propheten. Und alles Leben regt sich in den drei Elementen Erde, Luft und Wasser, denen Menschen, Vögel und Fische zugeordnet sind.

81 Senaru

Wasserfall, Naturpark und Gunung Rinjani – alles in der Nähe.

Das kleine Dörfchen auf einem baumlosen Bergkamm am Nordhang des Gunung Rinjani besteht eigentlich nur aus wenigen Häusern beidseits der Straße. Doch seit Senaru dem Nachbardorf Batu Koq den Rang abgelaufen und sich zum beliebtesten Ausgangspunkt für die **Besteigung** des 3726 m hohen **Rinjani** gemausert hat, sind einige *Losmen* und Restaurants dazugekommen. Hat man noch keine Tour gebucht, erkundigt man sich am besten in dem höchstgelegenen *Pondok Senaru* (Unterkunft und Restaurant) bei einem der stets anwesenden vor Ort bekannten Führer. Simon etwa kennt den heiligen Berg wie seine Westentasche und er versteht es, witzig zu erzählen. Bei Bedarf organisiert er ebenso wie seine Kollegen alles Nötige, von Ausrüstung über Proviant bis zu Trägern. Solide Bergschuhe und ausreichend Kondition muss man allerdings selbst mitbringen.

Erfrischende Badefreuden verspricht der inmitten üppigen Grüns herabströmende Air Terjun bei Senaru

Tiefblau liegt der Kratersee Segara Anak in der wilden Landschaft des Gunung Rinjani

Eine Reise zum Mittelpunkt der Insel

Zum Rinjani sollte man in der Zeit von April bis Oktober aufsteigen – und nur mit zuverlässigen Führern. Wer den Gipfel **an einem einzigen Tag** stürmen will, bricht in Senaru gegen Mitternacht auf. Zum Sonnenaufgang um 6 Uhr ist man dann am Kraterrand – versprechen zumindest die Führer.

Die **zweitägige Tour** beinhaltet eine Übernachtung im Basislager Pos III auf 1950 m Höhe. Höhepunkt und Krönung ist am Morgen des zweiten Tages der Sonnenaufgang, wiederum vom Kraterrand aus zu beobachten. Anschließend führt der Rückweg über die Aufstiegsroute ins Tal hinab.

Ein längerer Trip dauert **drei Tage**. Am zweiten Tag führt der Weg vom dritten Posten weiter am Kraterrand entlang zu einer Campingstelle am Seeufer. Hier kommt man am frühen Nachmittag an, so dass noch genug Zeit bleibt, sich bei einem Bad in den nahen heißen Quellen **Air Kalak** beim Fluss **Kokok Putih** zu erholen.

Ganz Unternehmungslustige können auch die **warmen Höhlen** erforschen, etwa Goa Susu (›Milch-Höhle‹) oder die ›Schirm-Höhle‹ mit ihrem engen Zugang. Hier kann man gleichfalls baden, diesmal im kühlen Wasser der unterirdischen Seen. Dermaßen gestärkt, bewältigt man das frühe Aufstehen am dritten Tag leichter, wenn man sich noch im Dunkel der Nacht aufmacht, um einen unvergleichlichen **Sonnenaufgang** auf dem Gipfel des Gunung Rinjani zu erleben. Der Abstieg ist auf zwei Wegen möglich: entweder direkt nach Senaru zurück oder ostwärts zum Dorf Sembalun, von wo aus für den Weitertransport gesorgt ist.

Senaru eignet sich auch gut für einfache geführte Bergwanderungen, den *Rice Terraces and Waterfalls Walk* (1 Std.) etwa oder den *Senaru Panorama Walk* (4 Std.). Auch auf eigene Faust nicht zu verfehlen ist der Weg zum **Air Terjun Sindanggile** in einem grünen Tal, zu dem vom südlichen Ortsrand von Senaru links ein gepflasterter Pfad an der Bergflanke hinab führt. Nach etwa 15 Min. steht man in der Talsohle vor einer steilen, überwucherten Felswand, an der sich in einem größeren und vielen kleineren Sturzbächen der **Wasserfall** von Sindanggile aus rund 75 m Höhe ergießt. Unten zerstiebt das Wasser zu einem erfrischend kühlen Schleier. Schließlich vereint es sich mit einem Bergbach, der munter talabwärts plätschert. Neben drei *Pondok* wurden auch Umkleidekabinen errichtet, die aber meist verschlossen sind. Nicht nur Touristen schätzen die kühle Ruhe dieses grünumwucherten Wasserfalls, auch Einheimische kommen gern für ein erfrischendes Bad herunter.

Gleich rechts neben dem Kassenhäuschen zum Wasserfall markiert ein hoher, weißer Torbogen den Eingang zum Naturpark **Rinjani Taman Wisata**. Gegen geringes Entgelt kann man im Park wandern, auch ohne gleich den Gipfel in Angriff zu nehmen.

82 Gunung Rinjani

Lomboks höchster und heiliger Berg.

Zwar ist der Gunung Rinjani beinahe überall auf der Insel zu sehen, doch meist sind seine zackigen Gipfel geheimnisvoll in Wolken gehüllt. Das erhöht natürlich die magische Aura um den mit 3726 m höchsten Berg Lomboks. Für die Hindus zählt er zu den heiligen Bergen Indonesiens und genießt als Sitz des Gottes **Batara** große Verehrung. Auch den Sasak ist er heilig, so dass sich vor allem bei Vollmond aus allen Teilen der Insel Pilger auf den Weg zum Gipfel machen.

In der oberen Kratersenke ruht im Westen still und wie unberührt 200 m unter dem Rand der See **Segara Anak**. Aus dessen Mitte erhebt sich der noch aktive **Gunung Barujari**. Einmal im Jahr, bei der *Pekelan*-Zeremonie, übergeben gläubige Hindus dem Kratersee feierlich Goldschmuck und Kunstgegenstände.

Westliche Besucher sehen den Gunung Rinjani meist nüchterner und stellen sich in immer größerer Zahl der Herausforderung, ihn auf einer der beiden möglichen Routen zu besteigen. Der Aufstieg ist zum einen in 8 bis 9 Std. von Sembalun Lawang im Osten aus möglich. Üblicher ist jedoch die Besteigung vom Dorf Senaru [Nr. 81] aus, wo man übernachten und alles Nötige mieten kann.

83 Labuhan Lombok und der Norden

Fährhafen zu den östlichen Inseln.

Karg und wild wirkt der dünn besiedelte Norden Lomboks. Es fehlen die ansonsten allgegenwärtigen Reisfelder, angebaut werden vor allem Oliven, Knoblauch und Mais, dazu Soja und Maniok. Reis ist nur saisonal vertreten, denn das Klima erlaubt nur eine Ernte im Jahr.

Zu dem herben Eindruck der sonnenverbrannten Landschaft tragen auch die schwarzsandigen **Vulkanstrände** und die zahlreichen steinübersäten Flussbetten bei. Letztere füllen sich während der Regenzeit, wenn von den Bergen wahre Wassermassen ins Tal stürzen.

Eine Fahrt auf der meist gut ausgebauten Küstenstraße von Anyar nach Labuhan Lombok durch dieses andalusisch anmutende Hügelland mit den vereinzelten Sasak-Gehöften hat ihren ganz eigenen Reiz. Stets im Blickfeld ist dabei im Inselinneren die Gunung Rinjani.

Bei Rarem findet man sich plötzlich in einem Wald aus riesenhaften *Kapuk*-Bäumen. Manche der bis zu 30 m hohen Stämme können selbst sechs Menschen zusammen nicht umspannen. Nicht dass es die Einheimischen versuchen würden, denn sie glauben, dass *Kapuk-kapuk* an unheilvollen Orten wachsen, an denen böse Menschen Schwarze Magie treiben.

Labuhan Lombok selbst hat keine touristischen Attraktionen zu bieten, ist aber als **Fährhafen** nach **Sumbawa** von Bedeutung. Die Nachbarinsel liegt jenseits der Meeresstraße von Alas wie zum Greifen nah. Im Hafen kann man auch Boote für **Tauch- und Schnorchelausflüge** zu den einsamen nördlichen Inseln Gili Lampu, Gili Sulat und Gili Lawang mieten.

Die einfachen Natursteinmauern des Makam Selaparang lassen die Bedeutung dieses muslimischen Wallfahrtsorts nicht erahnen

Noch sind die schwarzen Strände im Osten Lomboks von Touristen fast unberührt und die Kinder freuen sich über jeden Fremden, den sie sehen

84 Pringgabaya

Muslimischer Wallfahrtsort dank der Fürstengräber.

Pringgabaya ist ein typisches, nettes Städtchen im kargen Osten Lomboks. Die Bewohner sind als strenge Muslime bekannt, zeigen aber auch Ungläubigen gern ihr **Makam Selaparang**. Makam heißt ›Grab‹, eine etwas irreführende Bezeichnung, denn dies ist der Ort, an dem angeblich der heilige Raja von Selaparang in den Himmel auffuhr. Sein Name darf nur von Eingeweihten zu magischen Zwecken laut ausgesprochen werden.

Sein Grab ist es also nicht, das neben anderen in der sehr gepflegten, durchgängig mit Rundkieseln gepflasterten Anlage zu sehen ist. Es handelt sich vielmehr um die letzten Ruhestätten eines lokalen **Fürsten** und seiner Familie aus dem frühen 18. Jh. Im hinteren Teil des schmucken Innenhofes stehen nebeneinander ihre schlichten, steinernen Sarkophage. Bevor man den heiligen Ort unter blühenden Oleanderbäumen betritt, muss man die Schuhe ausziehen.

Das 1992 zum *Tentang Bendar Cagar Budaya*, zu einem offiziellen Heiligtum erklärte Makam Selaparang ist normalerweise verschlossen. Die Familie, die rechts neben dem Eingang wohnt, verwahrt Schlüssel und Gästebuch.

85 Labuhan Haji

Einst wichtiges Handelszentrum des Südostens.

In Labuhan Haji schifften sich früher die muslimischen **Pilger** Lomboks – eben die *Haji* – zur großen Pilgerfahrt nach Mekka ein. Doch das ist im Zeitalter der Luftfahrt längst Vergangenheit. Ebenso wie das vergleichsweise kurze Zwischenspiel der Holländer Anfang dieses Jahrhunderts, an das nur noch vereinzelt Lagerhäuser und ehem. Herrensitze entlang der Ausfallstraße Richtung Selong erinnern.

Geblieben sind die feinen schwarzen palmengesäumten **Sandstrände**, die mit ihren an Land gezogenen Fischerbooten sehr idyllisch wirken. Man kann versuchen, eines der Boote für Fahrten nach **Gili Petangan**, **Gili Lampu** und **Gili Pasaran** zu mieten. Die vorgelagerten Inselchen besitzen schöne helle, quasi menschenleere Strände und ringsum fischreiche **Tauch-** und **Schnorchelreviere**. Doch solche Ausflüge sind die Ausnahme, Lomboks Osten ist touristisch (noch?) nicht erschlossen. So ziehen denn auch die wenigen ausländischen Besucher am Strand von Labuhan Haji in kürzester Zeit eine ganze Schar neugieriger Kinder an, die sich darüber freuen, auch einmal einen *Orang asing*, einen rundäugigen Fremdling zu Gesicht zu bekommen.

Bali aktuell A bis Z

Vor Reiseantritt

ADAC Info-Service:
Tel. 018 05/10 11 12, Fax 018 05/30 29 28
(0,12 €/Min.)

ADAC im Internet:
www.adac.de
www.adac.de/reisefuehrer

Bali und Lombok im Internet:
www.balitourismauthority.net
www.bali-tourism-board.com
www.promotingbali.com
www.lombok-network.com

Allgemeine Auskünfte vor Reiseantritt
erteilt die **Indonesische Botschaft**:

Deutschland
Lehrter Str. 16–17, 10557 Berlin,
Tel. 030/47 80 70, Fax 030/44 73 71 42,
www.kbri-berlin.org,
www.indonesia-berlin.de

Österreich
Gustav-Tschermak-Gasse 5–7,
1180 Wien, Tel. 01/47 62 30,
Fax 01/479 05 57, www.kbriwina.at

Schweiz
Elfenauweg 51, 3006 Bern, Tel.
03 13 52 09 83, Fax 03 13 51 67 65,
Kbriberna@bgb.ch

Allgemeine Informationen

Reisedokumente

Europäer benötigen ein **Einreisevisum**.
Deutsche und Schweizer beantragen das
max. 30 Tage gültige Visum bei der Ankunft am Flughafen (*Visa on Arrival*); es
kostet derzeit (2006) 25 US-$. Die Ge-
bühren für ein 7-Tages-Visum betragen 10
US-$. Ist ein längerer Aufenthalt geplant,
muss das Visum vor der Einreise bean-
tragt werden. Eine Verlängerung ist nicht
möglich. Österreicher müssen rechtzeitig
vor Reiseantritt ein Visum bei der Indonesischen Botschaft beantragen.

Der **Reisepass** muss mind. noch 6 Mona-
te gültig sein, ein **Kinderausweis** (wird
nicht immer problemlos anerkannt)
muss mit einem Lichtbild versehen sein.

Bei der Einreise erhält man eine **weiße
Einwanderungskarte**; diese gut aufbe-
wahren, sie wird bei der Ausreise zurück
verlangt; ebenso **Ausreise-Flughafen-
steuer** in Höhe von zzt. 100 000 Rp.

◁ **Oben links:** *Busreisen in Indonesien gestal-
ten sich manchmal abenteuerlich*
Oben rechts: *Lombok ist bekannt für seine
schönen Korbwaren*
Mitte links: *Weithin leuchten die Farben der
balinesischen Tücher und Stoffe*
Mitte rechts: *Paraglider in Nusa Dua*
Unten links: *Mit großer Sorgfalt werden die
Opfergaben aufgetürmt*
Unten rechts: *Viele Frauen arbeiten noch an
alten beweglichen Webrahmen*

Kfz-Papiere

Für das Anmieten von Mietfahrzeugen ist
der Internationale Führerschein in Verbindung mit dem nationalen Führerschein
erforderlich.

Geld

Gesetzliches Zahlungsmittel ist die Ru-
piah (Rp.), auch Rup/Rups genannt. Es ist
einfacher und günstiger, Bargeld im Land
zu wechseln. Es gibt Münzen zu 25, 50,
100, 500 und 1000 sowie Scheine über 100,
500, 1000, 5000, 10 000, 20 000 und 50 000
Rupiahs. Eine Besonderheit ist der unzer-
reißbare 100 000-Rp.-Schein aus Plastik.

In Großstädten und Touristenzentren
werden meist gängige **Kreditkarten** und
Traveller Cheques akzeptiert. Für das
tägliche Leben benötigt man jedoch Bargeld, am besten in kleineren Scheinen:
Lieber ein Bündel 100-, 500- und 1000-Rp.-
Scheine als einen 10 000 Rp.-Schein, den
niemand wechseln kann. Darauf sollte
man auch achten, wenn man aus den in
auf Bali und in Senggigi immer häufige-
ren Geldautomaten (**Automatic Teller
Machine, ATM**) Bargeld zieht; sie bieten
unterschiedliche Stückelung an. Stark ab-
gegriffene oder zerfledderte Geldschei-
ne werden übrigens oft nicht akzeptiert.

Zollbestimmungen

Zollfrei dürfen Erwachsene im persönli-
chen Handgepäck mitführen: 200 Ziga-
retten oder 50 Zigarren oder 100 g Tabak
für den Aufenthalt bis zu einer Woche,

diese Mengen verdoppeln sich bei einem Aufenthalt bis zu zwei Wochen und verdreifachen sich bei noch längerem Aufenthalt; alkoholische Getränke allerdings immer nur bis zu 2 l.

Man darf keine geschützten Tiere **ausführen** – weder lebendig noch ausgestopft. Auf keinen Fall sollte man für eine andere Person etwas mit durch den Zoll nehmen. Hände weg auch von Drogen, das indonesische Gesetz ist in dieser Hinsicht sehr streng (Todesstrafe möglich!).

Tourismusämter im Land

Im Haupttext sind unter Praktische Hinweise die offizielle *Tourist Offices* vor Ort verzeichnet. Andere ›Tourist Information‹ gehören meist Tourunternehmen. Übergeordnete *Government Tourist Offices*:

Bali

Bali Government Tourism Department, Jl. Raya Puputan, Kompleks Niti Mandala, Renon, Denpasar, Tel. 03 61/22 56 49

Lombok

Dinas Pariwisata Tk. I NTB, Jl. Langko 70, Mataram, Tel. 03 70/317 30

Notrufnummern und Adressen

Polizei: Tel. 110

Ambulanz: Tel. 118

Feuerwehr: Tel. 113

ADAC-Notrufstation München:
Tel. 00 49/89/22 22 22 (rund um die Uhr)

ADAC-Ambulanzdienst München:
Tel. 00 49/89/76 76 76 (rund um die Uhr)

Österreichischer Automobil Motorrad und Touring Club
ÖAMTC Schutzbrief-Nothilfe:
Tel. 00 43/(0)1/251 20 00

Touring Club Schweiz
TCS Zentrale Hilfsstelle:
Tel. 00 41/(0)2 24 17 22 20

Diplomatische Vertretungen

Bali

Deutsches Honorarkonsulat, Reinhold Jantzen, Jl. Pantai Karang 17, Sanur, Tel. 03 61/28 85 35, Fax 03 61/28 88 26, germanconul@balintb.com

Schweizer Honorarkonsulat, Jan Zürcher, Istana Kuta Galleria, Blok 2 No. 12, Jl. Patih Jelantik, Kuta, Tel. 03 61/ 75 17 35, Fax 03 61/75 44 57, swisscom@telkom.net. Kümmert sich auch um die Belange von Österreichern und Liechtensteinern.

Besondere Verkehrsbestimmungen

In Indonesien herrscht Linksverkehr. Für Motorradfahrer besteht Helmpflicht.

Der Fahrstil der Einheimischen ist gelinde gesagt gewöhnungsbedürftig, Verkehrsregeln und Geschwindigkeit werden den jeweiligen Gegebenheiten angepasst.

Die staatlichen Pertamina-Tankstellen verkaufen Benzin zu günstigen Festpreisen. Auf dem Land ist die Benzinversorgung privat geregelt. Meist weist das Schild ›*Bensin*‹ den Weg, Diesel heißt *Solar*, Super *Premig*.

Gesundheit

Es ist sinnvoll, gegen **Tetanus**, **Kinderlähmung** sowie **Hepatitis A** und **B** geimpft zu sein. Auch **Malaria**-Prophylaxe ist angeraten. Gegen **Sonnenbrand** oder **Hitzschlag** helfen vorsorglich Hautcremes mit hohem Lichtschutzfaktor, Kopfbedeckung sowie leichte Baumwollkleidung. Meiden Sie übermäßige körperliche Anstrengung und trinken Sie viel, allerdings keinen **Alkohol**. Jedes größere Hotel verfügt über einen Arzt, in ernsten Fällen sucht man das Sanglah-Krankenhaus in Denpasar auf Bali auf oder reist zur Behandlung nach Singapur aus.

Krankenhaus/Rumah Sakit

Bali

Rumah Sakit Sanglah, Jl. Diponegoro, Denpasar, Tel. 03 61/22 79 11-5

Bali Medical Center, Jl. Bypass Ngurah Rai 100x, Kuta, Tel. 0361/76 12 63

Lombok

Rumah Sakit Mataram, Jl. Pejanggik 6, Mataram, Tel. 03 70/213 45

Bali gehört zu den Regionen in Indonesien , die am stärksten von **Aids** und **HIV-Infektionen** betroffen sind. Die Schutzempfehlungen sollten unbedingt beachtet werden.

Apotheken heißen *Apotik*, gängige Medikamente erhält man auch in Drogerien. Allerdings sind manche Medikamente nicht oder nur in anderer Zusammensetzung bzw. Dosierung als zuhause erhältlich sind. Sorgen Sie auf jeden Fall für ausreichenden und gültigen **Auslandskrankenschutz** sowie für eine Krankenrückholversicherung!

Weitere Auskünfte gibt der ADAC Auslands Informations Service: Tel. 089/ 76 76 77, Fax 089/76 76 25 01

Zeit

Auf Bali und Lombok gilt Zentralindonesische Zeit (= MEZ + 7 Std. bzw. während der europ. Sommerzeit + 6 Std. Lediglich im Nordwesten Balis gilt Westindonesische Zeit (= MEZ +6 bzw. +5 Std.).

■ Anreise

Flugzeug

Bali

Internationale Flüge landen in Bali auf dem **Ngurah Rai International Airport (DPS)** (Tel. 03 61/75 10 11-14 54) in Tuban, ca. 3 km südlich von Kuta. Von Deutschland aus starten mehrmals wöchentlich Direktflüge ab Berlin, Düsseldorf oder München nach Bali. Die Flugzeit beträgt von Deutschland aus rund 14 Stunden.

Ausreise-Steuer zzt. 100 000 Rp.!

Lombok

Bei Mataram befindet sich der kleine Flughafen **Selaparang**. Es landen nationale Flüge sowie derzeit als einziger internationaler der Direktflug von Silk Air aus Singapur (Visa on Arrival möglich).

Silk Air Lombok Office, Tel. 03 70/62 82 55

Der Flug zwischen Selaparang (Lombok) und Ngurah Rai (Bali) dauert ca. ½ Std., mehrmals täglich fliegen:

Citilink, Selaparang Airport, Tel. 03 70/62 29 87-246

Garuda, Denpasar, Tel. 03 61/25 47 47; Selaparang Airport, Tel. 03 70/664 68 46, www.garuda-indonesia.com

Lion Air, Denpasar, Tel. 03 61/26 37 87; im Sahid Legi Hotel, Mataram, Tel. 03 70/62 91 11, www.lionair.co.id

Merpati, Denpasar, Tel. 03 61/235 35; Selaparang Airport, Tel. 03 70/63 36 91, www.merpati.co.id

Schiff

Bali

Kreuzfahrtschiffe laufen die Häfen von Benoa (Denpasar) und Padang Bai im Süden an. Padang Bai ist auch Fährhafen nach Lombok, Gilimanuk im Nordwesten der nach Java. Der Nordhafen von Singaraja bietet nur kleineren Schiffen und einheimischen Bugis-Schonern Platz.

Pelni (Schifffahrtsgesellschaft), Denpasar, Tel. 03 61/22 89 62, www.peni.co.id

Lombok

Schnellboot (1,5 – 2 Std.) und Fähre (je nach Wetter 4–5 Std.) von Padang Bai, Bali, nach Lembar, Lombok; Perama Tourist Boat 1 x tgl. direkt nach Senggigi.

■ Bank, Post, Telefon

Bank

Niederlassungen vieler indonesischer Banken sind im Süden Balis und im Westen Lomboks zu finden. **Öffnungszeiten**: Mo–Do 8–14, Fr 8–12, mitunter Sa 8–11.30 Uhr. Nicht jede Bank wechselt Geld oder Reiseschecks, es gibt aber in allen touristischen Zentren Wechselstuben. Hier gilt es, Kurse zu vergleichen und evtl. Kommission mitzuberechnen. Auf Bali erhalten Sie für €, SFr oder US-$ deutlich mehr Rupiahs als auf Lombok.

Post

Postämter (*Kantor Pos dan Giro*) gibt es in jedem Ort, manchmal in einem Privathaus. Offizielle **Öffnungszeiten**: Mo–Do 8–14, Fr 8–11 und Sa 8–12.30 Uhr.

Postkarten dauern express (*kilat*) von Bali nach Europa etwa eine Woche.

Telefon

Internationale Vorwahlen
Indonesien 00 62
Deutschland 0 00 49
Österreich 0 00 43
Schweiz 0 00 41

Am einfachsten telefoniert man von den **Telefonämtern** (*Kantor telepon)* oder den privaten *Wartel/Warung Telekomunikasi* aus. Meist bieten sie Selbstwähl-Service (IDD – International Direct Dialing) an; in diesem Fall wählt man 001 oder 008 vor dem Ländercode. Die großen **Hotels** offerieren diesen Service ebenfalls, wenn auch zu deutlich höheren Preisen.

Öffentliche Fernsprecher empfehlen sich für innerindonesische Gespräche. Man sollte genügend 100-Rp.-Münzen bereit halten – und Geduld, um in dem überlasteten Netz durchzukommen.

Vermehrt findet man auf Bali auch **Kartentelefone**. Karten (*kartu telpon*) gibt es in den *Wartels* zu kaufen.

Die Benutzung handelsüblicher **GSM-Mobiltelefone** (900 und 1800) ist in den meisten Regionen Balis und im Westen Lomboks problemlos möglich.

Einkaufen

Bali ist ein wahres Einkaufsparadies, vor allem Kleidung, Kunsthandwerk und Silberschmuck kann man hier günstig erstehen. Lombok ist bekannt für Töpferwaren, Flechtarbeiten und Gewebtes.

Mittlerweile gibt es in manchen Geschäften Festpreise, *Harga pas*. Aber auf der Straße oder in den einfachen Läden gilt: Wer nicht handelt, ist selbst schuld.

Bali

Auf Bali gilt oft ein Verkauf am frühen Morgen als wichtig für den weiteren guten Verlauf des Geschäftstages. Viele Händler sind daher morgens bereit, mit dem Preis deutlich herunterzugehen.

Vorsicht beim Kauf der schönen Schneckengehäuse und Muscheln: Wenn man nicht genau weiß, welche unter das Washingtoner Artenschutzgesetz fallen, sollte man lieber nicht kaufen.

Einen **Sarung** oder **Sarong** kauft wohl jeder Urlauber. Ob gebatikt, gewoben oder bedruckt, die rund 1 x 2,5 m große Stoffbahn ist überraschend vielseitig. Üblicherweise wird sie als Hüfttuch getragen, dient aber auch als Liegematte, Handtuch, Picknicktuch, Tragetasche oder Sonnen- und Windschutz.

Besonders aufwendig ist die **Ikat-Weberei**. Hierbei werden vor dem eigentlichen Weben die Schussfäden aufgespannt, abgebunden und eingefärbt. Auf Bali kann man diese uralte Technik in *Gianyar*, auf Lombok in *Cakranegara* beobachten. In dem Bali-Aga-Dorf Tenganan werden zeremonielle Stoffe noch von Hand im Doppel-*Ikat*-Verfahren hergestellt, d. h. Schuss- *und* Kettfäden werden vor dem Weben eingefärbt. Selten gibt es für Touristen echte Doppel-*Ikat* zu kaufen, die dann allerdings ihre enorm hohen Preise auch wert sind. Ähnlich teuer, aber häufiger zu finden sind **Songket-Stoffe** mit eingewobenen Silber- und Goldfäden.

Als künstlerisches Zentrum von Bali gilt *Ubud*, vor allem für **Bilder**. Werke mit individueller künstlerischer Handschrift muss man freilich suchen. Dasselbe gilt für die bizarr-bunten **Holzschnitzereien**, von Mobiles über Masken bis hin zu großen mehrfigurigen Skulpturen. Als Zentrum der Schnitzkunst gilt das Dorf *Mas* etwa südlich von Ubud.

Wem es eher die fantasievollen **steinernen Skulpturen** angetan haben, findet in *Batubulan* eine große Auswahl. Die Straßen des bekannten balinesischen Steinmetzdorfes sind gesäumt von den Abbildungen hinduistischer Götter und Dämonen, von kleinen, 10 cm hohen Figürchen bis zu mehr als mannshohen, Grimassen schneidenden Tempelwächtern.

Für filigrane **Gold-** und vor allem **Silberarbeiten** (*Emas dan Perak*) ist das an Batubulan anschließende *Celuk* im Süden Balis bekannt. Die Schmuckstücke werden meist in Heimarbeit hergestellt; die großen Geschäfte entlang der Hauptstraße unterhalten Schau-Werkstätten.

Als beste Adresse für **Bambusmöbel** gilt das Dorf *Bona*. Es liegt auf dem Weg von Süden nach *Blahbatuh*, dem Zentrum der balinesischen **Gongherstellung**.

Lombok

Lombok Kunsthandwerk zeigt weniger künstlerische Raffinesse und Farbenfreude, besticht aber durchaus mit eigenem Charme. So sind etwa **Sasak-Webereien** in gedeckten, eher dunklen Farben gehalten. Nur die gewebten Gürtel und Schärpen sowie die Säume der schwarzen Frauenoberteile leuchten in vielerlei Rot-, Gelb- und Orangetönen. Das bekannteste und am meisten besuchte Weberdorf ist *Sukarara*, mit z. T. überzogenen Preisen (hohe Kommission). Günstiger kauft man in *Pringgasela*, auf dem Markt in *Sweta* oder in einer der Webereien von *Cakranegara*.

Ebenfalls traditionell ist auf Lombok das **Flechten** von Gras und Rattan. In Handarbeit entstehen schöne Sets, Körbe, Dosen, Behälter oder Taschen, z. T. mit farblich abgesetzten, geometrischen Mustern. Als Zentren der Flechtkunst gelten die Dörfer *Kotaraja* und *Loyok*. Hier kann man auch fein geschnitzte **Manuskriptbehälter** aus Bambusrohr erstehen.

Sehr schön sind auch die **Töpferarbeiten** Lomboks in ihren erdigen, rot-braunen und schwarzen Tonfarben. Oft werden kleinere Töpfe, Vasen oder Kannen außen mit einem kunstvollen Rattangeflecht versehen. Das sieht hübsch aus und verleiht zusätzlichen Halt.

Die **Schnitzereien** Lomboks sind in der Regel nicht bemalt und einfacher als die Balis. Dafür werden als Verzierung oft Steine oder Muschelstücke eingelegt. Sehr schön sind die **Palmholztruhen**, die z. T. aufwendig mit eingelegten Kauri-Schnecken versehen sind.

Spanferkel und andere Köstlichkeiten

Allgemein ist die indonesische Küche schmackhaft und vielfältig. Würziger Reis bildet die Grundlage, dazu kommen Soßen und Beilagen, die Einflüsse aus Indien, Arabien, Malaysia, aus Holland und England erkennen lassen. Dieser Vielfalt trägt die von den Niederländern übernommene **Rijstafel** – Reistafel – Rechnung, bei der sich Gäste vom Buffet bedienen können, sooft sie wollen und können. Gewissermaßen eine Ein-Teller-Ausgabe einer solchen gemischten Reistafel heißt **Nasi Rames** oder **Nasi Campur**.

Dabei darf **Sate** nie fehlen, die typischen **Fleischspiesschen** mit Erdnusssoße. Mit Huhn heißen sie Sate ayam, mit Ziege Sate kambing, mit Rind Sate daging und mit Schwein Sate Babi. Als hinduistische Insel bietet **Bali** auch Gerichte mit Schweinefleisch. So gehört **Babi Guling**, über offenem Feuer geröstetes **Spanferkel**, zu den balinesischen Spezialitäten. Auch **Ente** ist typisch, entweder in Bananenblättern geschmort, Bebek betutu, oder gegrillt, Bebek panggang. Dazu gibt es **Nasi goreng**, gebratenen Reis, oder **Bakmi goreng**, gebratene Nudeln.

Die einheimische Küche von **Lombok** ist außerordentlich scharf, auch wenn man nicht mit Sambal-Soße aus Pfeffer und roten Pepperoni nachwürzt. Trotzdem sollte man sich den Genuss eines **Ayam tamblingan**, eines traditionell zubereiteten Backhuhns, nicht entgehen lassen.

Eine weitere Spezialität Lomboks ist gekochter Wasserspinat **Pelecing kangkung**, lecker mit Ei und Cashewnüssen serviert. Kulinarische Abenteurer probieren vielleicht Trasi (Fischpaste) oder Bubur kacang hijau, grünen Bohnenbrei. Zum Nachtisch gibt es Urap-urap, Gemüse mit Kokosraspel und Chili, oder Olah-olah, dasselbe mit gesüßter Kokosmilch.

Temperaturen und Gewürze machen regelmäßiges und ausreichendes **Trinken** zu einem Muss, am besten Air minuman oder Aqua, Trinkwasser ohne Kohlensäure, bzw. Soda, sprudelndes Wasser. Sehr erfrischend sind auch Air jahe manis, heißer, süßer Ingwertee, oder frische Fruchtsäfte wie z. B. Ananas- (Air nanas), Orangen- oder Zitronensaft (Air jeruk). Die Wirkung von Alkohol sollte man in den Tropen nicht unterschätzen und erst nach Sonnenuntergang Bier (Marke Bintang, Hai, Anker u. v. a.) oder den einheimischen Reis- (Brem) bzw. Palmwein (Tuak) trinken.

Verlockend ist das überreiche Angebot an **Obst**. Auf jedem Markt kann man frische Ananas (Nanas) oder Bananen (Pisang) kaufen, dazu Orangen (Jeruk), Mango und Papaya sowie exotischere Früchte wie die Schlangenfrucht Salak oder die köstliche kleine Haarfrucht Rambutan.

Eine Sonderstellung kommt in jedem Fall der **Durian** zu, der berühmtberüchtigten Stinkfrucht. Nach dem Öffnen ist ihr Geruch so grauenvoll, dass viele Hotels die Mitnahme von Durian ausdrücklich verbieten. Überwindet man sich aber, soll ihr Geschmack unvergleichlich gut sein. Nicht umsonst sagt man von dieser ambivalenten Frucht, sie ›stinkt höllisch und schmeckt himmlisch‹.

Essen und Trinken

In Indonesien isst man bereits zum **Frühstück** (*Makanan pagi*) Reis, manchmal auch eine dicke Suppe mit Kartoffeln und Gemüse (*Gado-gado*). Aber alle Hotels halten für ihre ausländischen Gäste Buffets oder Angebote à la carte mit kontinentalem oder amerikanischem Frühstück bereit. In jedem Fall ergänzen frische Früchte und Säfte die erste Mahlzeit des Tages.

Viele Urlauber verzichten in dem feuchtheißen Klima auf ein **Mittagessen** (*Makanan siang*), zumal wenn sie am Strand liegen, und kaufen stattdessen nur etwas Obst. Man kann aber auch in einem der vielen Restaurants (*Restoran*), Imbissständen und -stuben (*Warung*), Bars oder Cafés eine Kleinigkeit zu sich nehmen.

Größere Bedeutung kommt wieder dem **Abendessen** (*Makanan malam*) nach Sonnenuntergang zu. Die Auswahl an Restaurants ist in den touristischen Zentren sehr groß. Besonders empfehlenswert sind natürlich auf den beiden Inseln Bali und Lombok die Angebote von frischem Fisch und Meerestieren.

Auf Lombok ist während des islamischen Fastenmonats **Ramadan** das öffentliche Leben von Sonnenauf- bis -untergang etwas eingeschränkt, vor allem im Osten der Insel. Andersgläubige Gäste können sich jedoch problemlos in Hotels und chinesischen Restaurants versorgen.

Feste und Feiern

Auf **Bali** werden täglich unzählige Zeremonien abgehalten. Im offiziellen Festkalender der Tourismusämter sind meist nur die Tempelfeste verzeichnet, die **Odalan**. Bei diesen ›Patronatsfesten‹ für die Tempel (*Pura*) kann man lange Züge von prächtig geschmückten Frauen sehen, die auf ihrem Kopf die üppig aufgetürmten Gaben zum Tempel bringen.

Die meisten balinesischen Feiertage sind veränderlich. Sie werden alle 210 Tage begangen, bevorzugt bei Voll- oder Neumond. Die genauen Termine listet der ›Calender of Events‹ auf, der in Tourismusämtern und in vielen Hotels kostenlos ausliegt. Ein sehr wichtiges Fest ist das **Bhatara Turun Kabeh** im März oder April. Dann versammeln sich alle Götter an ihren Schreinen in Besakih.

Zum **Festtagszirkel** auf Bali gehören: **Galungang** – erinnert an den Sieg des Guten (*Dharma*) über das Böse (*Adharma*). **Kuningang** – 10 Tage nach Galungang; Tag der Ahnenverehrung. **Nyepi** – balinesisches Neujahr. Am Vorabend von Nyepi tragen Männer heiliges Feuer durch die Straßen, und alle veranstalten recht viel Lärm, um böse Geister zu vertreiben. Der Neujahrstag selbst ist ein Tag absoluter Ruhe: Jeglicher Straßenverkehr und alle Arbeit sind untersagt, ebenso offenes Feuer, Kochen, Vergnügungen sowie Beleuchtung. **Saraswati** – Tag der schönen Göttin der Wissenschaft und Kunst. **Pagerwesi** – zur Vorbereitung auf das erneut bevorstehende Galungan.

Das hinduistische *Nyepi* ist Staatsfeiertag und wird im ganzen indonesischen Archipel begangen, ebenso: 1. Januar – Neujahrstag, 30. Januar – *Maulid Nabi Mohammed*, Geburtstag des Propheten Mohammed, 17. August – Unabhängigkeitstag, 19. Oktober – *Idul Adah*, Tag der Beendigung der Hadj (Wallfahrt nach Mekka) der islamischen Pilger, 10. November – Tag der Helden, 25. Dezember – Weihnachtstag der Christen

Auf **Lombok** sind die muslimischen Feiertage bedeutender. Einige Festtermine sind auch im Islam beweglich, z. Bsp. Beginn des *Ramadan* und *Idul Fitri* am Ende des Fastenmonats. Termine voraussichtlich 24. Sept.–24. Okt. 2006, 12. Sept.–12. Okt. 2007, 2. Sept.–2. Okt. 2008.

Weitere bewegliche nationale Feiertage: Karfreitag, Ostersonntag, Christi Himmelfahrt, Islamisches Neujahr sowie Himmelfahrt des Propheten Mohammed.

Klima und Reisezeit

Hauptreisezeiten sind Mai bis September sowie die Weihnachtstage.

Mai–Sept. ist **Trockenzeit**, d. h. es regnet weniger als sechs Tage im Monat.

Die **Temperaturen** liegen tagsüber um 29–30 °C, auch während der **Regenzeit** Okt.– April. Aber dann lässt die hohe Luftfeuchtigkeit (max. 95 %) die Temperatur drückender erscheinen. In höher gelegenen Regionen betragen die Temperaturen 16–26 °C, nacht bis zu 8 °C.

Die Inseln liegen nur wenig südlich des Äquators, daher scheint die Sonne ziemlich genau 12 Std. am Tag, etwa 6.30 –18.30 Uhr. Die Dämmerung ist kurz, ebenso Sonnenauf- und untergänge.

Klimadaten Denpasar/Sanur/Kuta

Monat	Luft (°C) min./max.	Wasser (°C)	Sonnen- std./Tag	Regen- tage
Januar	23/31	28	8	15
Februar	23/30	28	9	13
März	23/30	28	10	12
April	24/30	29	10	9
Mai	25/30	28	9	6
Juni	25/30	28	8	5
Juli	24/29	27	9	4
August	24/29	27	10	3
September	24/30	27	11	2
Oktober	25/30	27	10	8
November	24/31	23	10	10
Dezember	26/31	29	9	14

Kultur live

Juni/Juli

Denpasar, Bali (Mitte Juni–Mitte Juli): *Art Festival* im Taman Budaya Art Center, jeden Sa Sonderveranstaltungen.

Kuta, Bali: Seit einigen Jahren feiern Touristen in Balis Südosten auch

Tanz und Drama

Tänze und rituelle Schauspiele sind tief im Glauben und täglichen Leben der Balinesen verwurzelt. Häufig ergibt sich die Gelegenheit, einen Baris (Kriegstanz), Topeng (Maskentanz) oder eine Wayang kulit-Vorführung (Schattenspiel) zu sehen.

Die bekanntesten balinesischen Tänze und Erzählungen sind:

Barong & Rangda

Dieser Tanz handelt vom immerwährenden Kampf zwischen Gut und Böse. Die Anhänger des guten, löwenartigen Barong Keket greifen die üble Hexe Rangda mit Dolchen an. Durch deren Schwarze Magie fallen sie in Trance und versuchen, sich selbst zu erstechen. Aber Barong hilft ihnen und ein Priester führt die Trance-Tänzer abschließend mit heiligem Wasser wieder ins Leben.

Kecak

Bis zu 150 Männer beteiligen sich an diesem eindrucksvollen Schauspiel. Sie sitzen in dichten Reihen im Kreis, in dessen Mittelpunkt eine Szene aus dem Ramayana dargestellt wird. Seine wilde Kraft schöpft der Kecak aus dem beständigen An- und Abschwellen der Silben ›Ke‹ und ›Cak‹, die der Ring aus Menschenleibern unablässig und eindringlich intoniert. Dabei wiegen die Männer ihre nackten Oberkörper im Takt, bewegen gleichzeitig die Hände oder verharren bewegungslos.

Legong

Ursprünglich durfte dieser Tanz nur von jungen Mädchen vor ihrer Pubertät getanzt werden. Er erzählt in graziösen, stark stilisierten Bewegungen die Geschichte der gefangenen Prinzessin Rangkesari und ihres Bruders Daha. Der schlussendliche Kampf mit dem Entführer König Lakesmi, in dem Daha fällt, wird von zwei Legong-Tänzerinnen und einer Assistentin, Condong, dramatisch dargestellt.

Ramayana

Das Epos handelt im Wesentlichen davon, wie Prinz Rama und sein Bruder Lakshmana die mit Hilfe des Affenkönigs Hanoman die schöne und edle Sita, Gemahlin Ramas, aus den Fängen des dämonischen Königs Rawhana befreien.

---

ausgelassen den *Kuta Karnival* (www.kutakarnival. com) (nicht 2006)

September/Oktober

Ubud, Bali: *Writers & Readers Festival*, www.ubudwirtersfestival.com

November

Kuta, Bali: *Bali Jazz Festival*, z. B. im Hard Rock Café und in Poppies

Tanzvorführungen auf Bali
Barong/Barong & Rangda
Batubulan: tgl. 9.30 Uhr
Ubud, Puri Saren: Fr 18.30 Uhr
Ubud, Museum Puri Lukisan: So 10.30 Uhr
Denpasar, Kesiman, Catur Eka Budi: tgl. 9.30 Uhr

Calon Arang
Ubud, Mawang: Do und Sa 19.30 Uhr

Gabor
Ubud, Puri Saren: Do 19.30 Uhr

Gambuh
Batuan (zw. Gianyar und Ubud), Pura Dalem: 1. und 15. jeden Monats 19.00 Uhr

Kecak, manchmal mit Feuertanz
Ubud, Padangtegal: So 19 Uhr
Peliatan, Puri Agung: Do 19.30 Uhr
Denpasar, Kesiman, Catur Eka Budi: tgl. 18.30 Uhr
Bona: So, Mo, Mi und Fr 19.00 Uhr
Batubulan: tgl. 18.30 Uhr

Legong
Ubud, Puri Saren: Mo und Sa 7.30 Uhr
Peliatan: Mi und Fr 19.30 Uhr

Mahabarata-Tanz
Ubud, Teges: Do 19.30 Uhr

Raja-Pala-Tanz
Ubud, Puri Saren: So 19.30 Uhr

Ramayana-Ballett
Ubud, Pura Dalem: Mo 20 Uhr
Ubud, Puri Saren: Do 20 Uhr

Sang Hyang Jaran
Benoa: So, Mo, Mi 19 Uhr
Batubulan: tgl. 18.30 Uhr

Wayang kulit (Schattenpuppenspiel)
Ubud, Pura Dalem: Sa 7.30, Mo 20 Uhr
Ubud, Oka Kartini's: So, Mi 20 Uhr

Sunda Apasunda
Ubud, Puri Saren: Mi 19.30 Uhr

Topeng
Peliatan, Br. Klalah: Di 19.30 Uhr

Frauen-Gamelan
Peliatan: So 19.30 Uhr

■ Museen, Tempel und Moscheen

Die **Öffnungszeiten** der **Museen** werden im Haupttext genannt.

Die meisten **Tempelanlagen** sind öffentlich zugänglich, der Hauptschrein nur für Gläubige. Es gibt weder feste Öffnungszeiten noch wird eine offizielle Eintrittsgebühr erhoben. Spenden sind aber üblich und werden erwartet. Auf korrekte Kleidung sollte geachtet werden [s. S. 28].

Moscheen sind meist für Andersgläubige nicht zugänglich; einzelne Gemeinden machen jedoch Ausnahmen.

■ Nachtleben

Nächtliche Vergnügungen werden auf *Bali* hauptsächlich in den Touristenzentren des Südens geboten. Die Hauptstraße von **Kuta** und **Legian** ist bekannt für ihr abwechslungsreiches Angebot von Kneipen, Bars und Diskotheken. Auch in **Sanur** wird nach Kräften für die Unterhaltung der Gäste gesorgt.

Auf *Lombok* findet das Nachtleben in **Senggigi** statt, v. a. am Wochenende.

■ Sport

Mit dem glasklaren Wasser, der sanften Brandung und den herrlichen Korallengärten sind Bali und Lombok für jegliche Art von Wassersport wie geschaffen. Die größeren Hotels verfügen meist über Tennisplätze und locken mit vielseitigen Sportprogrammen.

Golf

Bali

Bali Golf & Country Club, Nusa Dua, Tel. 03 61/77 17 91, Fax 03 61/77 17 97, www.baligolfandcountryclub.com. 18-Loch-Platz.

Bali Handara Kosaido Country Club, Pancasari, Bedugul, Tel. 03 62/226 46, Fax 03 62/230 48, www.balihandara kosaido.com. 18-Loch-Platz.

Nirwana Bali Golf Club, Kediri, Tabanan, Tel. 03 61/81 59 30, Fax 03 61/81 59 31, www.nirwanabaligolfclub.com

Lombok

Rinjani Golf & Country Club, Golong Desa Peresak, Narmada, Tel. 03 70/ 63 34 88, Fax 03 70/63 38 39. 18-Loch-Platz.

Kajak

Ayung River Rafting, Jl. Diponegoro 150 B. 29, Denpasar, Tel. 03 61/23 87 59, Fax 03 61/22 42 36. 8 km den Ayung hinab.

Sobek, Jl. Tirta Ening 9, Bypass Ngurah Rai, Sanur, Tel. 03 61/28 70 59, Fax 03 61/ 28 94 48. Kajak-Ausflug über die stillen Wasser des Danau Tamblingan.

Mountainbiking

Organisierte Touren bieten etwa:

Bali Sinar Mentari Tours, Jl. Pondok Indah Raya III/1, Gatot Subroto Barat, Denpasar, Tel. 03 61/ 41 40 57, Fax 03 61/ 41 10 74. Radtouren um Kintamani.

Sobek, Jl. Tirta Ening 9, Bypass Ngurah Rai, Sanur, Tel. 03 61/28 70 59, Fax 03 61/ 28 94 48. Kajak-Ausflug über die stillen Wasser des Danau Tamblingan.

River Rafting

Arha Bali Rafting, Jl. Munding Indah II/4, Kerobokan, Denpasar, Tel./Fax 03 61/42 74 46. 12 km ›Weißwasser‹-Raften auf dem **Unda** östl. von Klungkung/Semarapura.

Bakas Levi Rafting Baleraf, Jl. Danau Tamblingan 82, Sanur, Tel. 03 61/28 72 56. Auf dem **Melangit** östlich von Gianyar von Guliang bis Tulikup.

Sobek, Jl. Tirta Ening 9, Bypass Ngurah Rai, Sanur, Tel. 03 61/28 70 59, Fax 03 61/ 28 94 48. Fahrten auf dem **Ayung** (westlich Ubud) von Begawan bis Kedewatan.

Tauchen/Schnorcheln

Besonders beliebt sind auf **Bali** Ausflüge zu den Korallengärten vor Lovina und bei Pulau Menjangan, von **Lombok** aus sind die Gewässer um die Gilis unschlagbar. Tauchkurse, -ausrüstung und -ausflüge bieten Padi-Schulen, etwa in Tulamben, wo das Wrack eines versunkenen Postschiffes auf seine Erkundung wartet.

Bali

Ena Dive Center, Jl. Tirta Ening 1, Sanur, Tel. 03 61/28 88 29, Fax 03 61/28 79 45. Arrangiert auch Parasailing u. a.

Tauchterminal, Jl. Danau Tamblingan X/40–42, Jimbaran, Tel. 03 61/77 45 04, Fax 03 61/77 84 73, www.tauch-terminal.com

Wisata Tirta Baruna, Jl. Bypass I Gusti Ngurah Rai 300 b, Denpasar, Tel. 03 61/75 38 20 und 03 61/75 12 33, Fax 03 61/75 38 09. Gratistransport im Süden.

Lombok

Blue Coral Padi Diving Sport, Jl. Pantai, Senggigi, Tel. 03 70/69 34 41, Fax 03 70/69 32 51. Gegenüber Einfahrt zum Aerowisata Hotel, dessen Pool die Schule auch für Einführungskurse nutzt.

Wandern

Bali und Lombok kann man sehr schön auf eigene Faust erwandern. Organisierte Angebote auf Bali:

Ayung River Rafting, Jl. Diponegoro 150 B. 29, Denpasar, Tel. 03 61/23 87 59, Fax 03 61/22 42 36. Touren durchs Flachland (um Antap, westlich von Ubud) oder in der Bergregion um Batukau.

Sobek, Jl. Tirta Ening 9, Bypass Ngurah Rai, Sanur, Tel. 03 61/28 70 59, Fax 03 61/28 94 48. Rice Paddy / Jungle Trekking.

Windsurfen/Wellenreiten

Auf Bali sind die besten Plätze an der Westküste, bei Rambut Siwi oder Kuta/Legian, sowie im Süden vor Tanjung Benoa und Bukit Badung, wo keine vorgelagerten Riffe die Brandung hemmen.

In Lomboks Süden ist Tanjung A'an als ideale Bucht bekannt, und auch Bangko-Bangko genießt einen guten Ruf.

■ Statistik

Lage: Bali und Lombok gehören zur Republik Indonesien. Der südostasiatische Inselstaat umfasst insgesamt 13677 Inseln, 6044 davon bewohnt.

Bali ist die westlichste der Kleinen Sunda-Inseln. Ihren vulkanischen Ursprung verraten vier Vulkankomplexe (höchster Berg ist der Gunung Agung mit 3142 m) im Ostteil. Nur im Süden breitet sich eine größere dicht besiedelte Ebene aus, in der u. a. die Inselhauptstadt Denpasar liegt. Der Norden ist dünner besiedelt.

Auch das ebenfalls zu den Kleinen Sunda-Inseln gehörende *Lombok* ist vulkanisch, wie man am 3727 m hohen, aktiven Gunung Rinjani im zentralen Bergmassiv sieht. Westlich und südlich davon erstreckt sich eine fruchtbare Ebene.

Hauptstadt: Inselhauptstadt von *Bali* ist Denpasar. von *Lombok* ist Mataram.

Verwaltung: *Bali* ist in acht Verwaltungsdistrikte (Badung, Bangli, Buleleng, Gianyar, Jembrana, Klungkung, Karangasem und Tabanan) eingeteilt. Dazu kommt Denpasar als eigener Bezirk.

Lombok gehört zur Provinz Nusa Tenggara Barat (NTB – Westliche Inseln), die von Mataram aus verwaltet wird. Lombok unterteilt sich in die drei Verwaltungsbezirke Lombok Barat (West), Lombok Tengah (Mitte) und Lombok Timur (Ost).

Fläche: Die Insel *Bali* erstreckt sich über 5501 km^2, die Provinz Bali mit Nusa Penida und anderen kleineren Inseln umfasst 5561 km^2. Der östliche Inselnachbar *Lombok* ist mit 4669 km^2 etwas kleiner.

Bevölkerung: Derzeit leben rund 3,1 Mio. Einwohner auf *Bali*, 90,5 % Hindu. Von den 2,4 Mio. Einwohnern *Lomboks* sind im Westen viele Balinesen, Chinesen und Araber, im Osten meist malaiische Sasak. 90 % der Bevölkerung sind Muslime.

Wirtschaft: Haupteinnahmequelle von *Bali* ist der Tourismus, dazu kommt der Export von Kaffee, getrockneten Algen, Thunfisch und Gewürzen. Für die Selbstversorgung ist der Nassreisanbau von enormer Bedeutung, vor allem im sog. ›grünen Gürtel‹ südlich der Berge.

Lombok ist großteils noch stark agrarisch geprägt (Trockenreis), doch auch hier gewinnt der Tourismus an Bedeutung. Vor allem der Selbstversorgung dient der Anbau von Kaffee, Maniok, Soja und Gemüse, ausgeführt werden in erster Linie Tabak, Knoblauch, Trockenfisch und Zinn.

■ Unterkunft

Homestays

Günstigste Form des Übernachtens: Familien vermieten Gästen in ihrem Haus Zimmer. Die Standards sind unterschiedlich, Familienanschluss ist garantiert.

Hotels

Sowohl Bali als auch Lombok verfügen über eine Vielzahl internationaler Hotels, darunter zahlreiche 5-Sterne-Häusern. Daneben gibt es die landesübliche Klassifikation *Melati* mit ein, zwei oder drei Blumen. Ihre Standards sind oft mit den internationalen zu vergleichen, aber die Vergabe von Sternen richtet sich auch nach Hotelgröße und Zimmeranzahl.

Losmen

Losmen sind landesübliche Unterkünfte, d. h. vielfach lediglich mit Ventilator und *Kamar Mandi* (indon. Badezimmer) ausgestattet, dabei meist günstig und gut.

■ Verkehrsmittel im Land

Bemo/Ojek

Alle Kurz- sowie die meisten Mittel- und Langstrecken werden von Minibussen, genannt *Bemo*, bedient. Sie fahren auf festen Routen und halten, wo immer die Passagiere es verlangen. Einen festen Fahrplan gibt es nicht und viele stellen mit Einbruch der Dunkelheit den Betrieb ein. Touristen sollten sich vor Fahrtantritt nach dem korrekten Fahrpreis erkundigen, am besten im Hotel.

Ojek nennt man die privaten Motorräder, deren Besitzer sich und ihr Fahrzeug gern für eine Fahrt anheuern lassen. Sie führen meist einen zweiten Helm mit sich und bringen einen schnell ans Ziel, kosten aber mehr als öffentliche Verkehrsmittel.

Bus

Busse der Gesellschaft *Perama* verbinden die größten Städte, etwa Sanur – Ubud oder Mataram – Kuta. Auch ›Inselhüpfen‹ per Bus ist möglich.

Mietwagen

Überlegen Sie es sich gut, ob Sie auf Bali oder Lombok selbst einen Leihwagen oder ein Motorrad fahren wollen. Auf dem Land sind die Straßen oft eng und unübersichtlich, in den Städten ist die Verkehrslage verheerend. Bei einem Unfall haftet immer der Fahrer, im Zweifelsfall der ausländische. Schließen Sie daher beim Mieten eines Fahrzeugs eine Vollkaskoversicherung (*All risks insurance*) ab. Prüfen Sie vor Unterschreiben des Mietvertrages den Zustand des Fahrzeugs und achten Sie vor allem auf die Bremsen. Am Flughafen von Denpasar sind die meisten großen internationalen Autovermietungen vertreten.

Bequemer ist es, sich einen Wagen mit Fahrer und Führer zu mieten, wie es die großen Touranbieter und viele Privatleute anbieten. Zuverlässige Gesellschaften, deren Geschäftsführer Deutsch sprechen und die mit erfahrenen, teils deutschsprachigen Führern arbeiten, sind:

Bali

Tunas Indonesia Tours & Travel, Jl. Danau Tamblingan 107, Sanur, Tel. 03 61/75 24 43, Fax 03 61/28 87 27

Lombok

Bidy Tours, Jl. Ragigenap 17, Ampenan, Tel. 03 70/63 21 27, Fax 03 70/63 18 21

Pferdewagen

Einachsige, offene Pferdewägelchen werden auf *Bali Dokar* genannt und finden sich meist in Kuta und Legian, vereinzelt auch noch in Denpasar.

Auf *Lombok* dagegen gehören die Pferdewagen und das rhythmische Geräusch von Hufen auf Straßenpflaster zum täglichen Leben (außer in Senggigi). *Dokar* (bzw. vierrädrige *Andong*) transportieren hier Lasten, Menschen benutzten ein *Cidomo*. Wagen wie Pferde sind bunt herausgeputzt und mit Glöckchen behängt. Im Osten Lomboks ist der Schmuck der Cidomo noch etwas aufwendiger und farbenprächtiger als im Westen.

Schiff

Im Inselstaat Indonesien ist der Verkehr per Boot von besonderer Bedeutung. Allerdings sind die üblichen Passagier- und Frachtfähren oft überladen. Auf Bali ist Gilimanuk das Tor zum Westen, Benoa und Padang Bai nach Osten, auf Lombok ist der westliche Fährhafen Lembar, der östliche Labuhan Lombok.

Zwischen Bali und Lombok verkehren auch klimatisierte Expressboote.

Längere Schifffahrten oder ›Inselhüpfen‹ bieten die großen Kreuzfahrtschiffe der nationalen Schifffahrtslinie

Pelni-Line

Bali: Benoa, Jl. Pelabuhan, Tel. 03 61/72 34 83, Fax 03 61/35 11 84; *Lombok*: Ampenan, Jalan Majapahit 2, Tel. 03 70/864 75 62, Fax 03 70/63 16 04

Taxi

In den Städten gibt es offizielle Taxis mit Taxameter; ansonsten muss man vorab einen festen Preis vereinbaren.

Sprachführer

Bahasa Indonesia für die Reise

Das Wichtigste in Kürze

Ja/Nein	Ya/Tidak
Bitte/	Silahkan/
Danke	Terimah kasih
bitte (auf ›danke‹)	Sama-sama
In Ordnung!	Baiklah!
Entschuldigung!	Ma'af!
Ich verstehe Sie (nicht).	Saya (tidak) mengerti.
Ich spreche nur wenig Bahasa Indonesia.	Saya berbicara bahasa Indonesia sedikit saja.
Ich komme aus Deutschland/Österreich/der Schweiz.	Saya datang dari Jerman/Austria/Swiss.
Können Sie mir bitte helfen?	Bolehkah anda membantu saya?
Das gefällt mir (nicht).	Saya (tidak) suka ini.
Ich möchte ...	Saya mau ...
Gibt es …?	Ada ...?
Wie viel kostet …?	Harga ... berapa?
Das ist zu teuer/billig.	Ini terlalu mahal/murah
Kann ich mit Kreditkarte bezahlen?	Bolehkah saya membayar dengan credit card?
Guten Morgen!	Selamat pagi!
Guten Tag!	Selamat siang!
Guten Abend!	Selamat malam!
Gute Nacht!	Selamat tidur!
Hallo!/Grüß dich!	Salam!/Wassalam!
Wie ist Ihr Name?	Siapa nama anda?
Mein Name ist …	Nama saya ...
Auf Wiedersehen! (zu dem der bleibt)	Selamat tinggal!
Auf Wiedersehen! (zu dem der geht)	Selamat jalan!
Tschüs!/Bis bald!	Sampai jumpa lagi!
gestern/heute/morgen	kemarin/hari ini/besok
am Vormittag/am Nachmittag	pagi hari/siang
am Abend/in der Nacht	pada waktu malam/(identisch)
um 1 Uhr/um 2 Uhr	jam satu/jam dua
um Viertel vor (nach) …	jam ... kurang (lewat) seperempat
um … Uhr 30	jam ... setengah
Minute(n)/Stunde(n)	menit/jam
Tag(e)/Woche(n)	hari/minggu
Monat(e)/Jahr(e)	bulan/tahun

Zahlen

0	nol	19	sembilan belas
1	satu	20	dua puluh
2	dua	21	dua puluh satu
3	tiga	22	dua puluh dua
4	empat	30	tiga puluh
5	lima	40	empat puluh
6	enam	50	lima puluh
7	tujuh	60	enam puluh
8	delapan	70	tujuh puluh
9	sembilan	80	delapan puluh
10	sepuluh	90	sembilan puluh
11	sebelas	100	seratus
12	dua belas	200	dua ratus
13	tiga belas	1000	seribu
14	empat belas	2000	dua ribu
15	lima belas	10000	sepuluh ribu
16	enam belas	1000000	seratus ribu
17	tujuh belas	1/2	seperempat
18	delapan belas	1/4	setengah

Wochentage

Montag	Senin
Dienstag	Selasa
Mittwoch	Rabu
Donnerstag	Kamis
Freitag	Jumat
Samstag	Sabtu
Sonntag	Minggu

Monate

Januar	Januari
Februar	Pebruari
März	Maret
April	April
Mai	Mei
Juni	Juni
Juli	Juli
August	August
September	September
Oktober	Oktober
November	Nopember
Dezember	Desember

Maße

Kilometer	kilometer
Meter	meter
Zentimeter	sentimeter
Kilogramm	kilogram
Pfund	pon
Gramm	gram
Liter	liter

Unterwegs

Nord/Süd/West/Ost — utara/selatan/barat/timur
geöffnet/geschlossen — terbuka/tertutup
geradeaus/links/rechts/zurück — terus/kiri/kanan/kembali
nah/weit — dekat/jauh
Wie weit ist es nach …? — Berapa jauh ke …?
Wo sind die Toiletten? — Kamar kecil di mana?
Wo ist die (der) nächste — Di mana …
  Telefonzelle/ — telepon umum/
  Post/Bank/ — kantor pos/bank/
  Geldautomat/ — otomat uang/
  Polizei? — kantor polisi yang terdekat?

Bitte, wo ist … — Ma'af, di mana …
  der Busbahnhof/ — stasion bis/
  eine Bushaltestelle/ — perhentian bis/
  der Flughafen? — lapangan terbang?
Wo finde ich … — Di mana …
  eine Apotheke/ — apotik/
  Fotoartikel/ — barang foto/
  den Markt? — pasar?
Ist das der Weg/die Straße nach …? — Jalan ini ke …?
Ich möchte mit … — Saya mau pergi dengan …

  dem Bus/ — bis/
  dem Schiff/ — kapal laut/
  der Fähre/ — kapal tambang/
  dem Flugzeug nach … fahren. — kapal terbang ke …
Gilt dieser Preis für Hin- und Rückfahrt? — Apakah harga ini untuk pulang-pergi?
Wie lange gilt das Ticket? — Masa berlakunya karcis ini berapa lama?
Wo finde ich … — Di mana …
  das Fremdenverkehrsamt/ein Reisebüro? — kantor pariwisata/biro perjalanan?
Ich benötige eine Hotelunterkunft. — Saya memerlukan hotel.
Wo kann ich mein Gepäck lassen? — Di mana dapat menyimpan koper saya?

Zoll, Polizei

Ich habe etwas (nichts) zu verzollen. — Saya (tidak) membawa barang yang dikenakan bea.
Ich habe nur persönliche Dinge. — Saya mambawa barang pribadi saja.
Hier ist mein(e) … — Di sini …
  Geld/Pass/ — uang/pasport
  Personalausweis/ — kartu penduduk/
  Kfz-Schein/ — STNK/
  Versicherungskarte — kartu asuransi saya.

Ich fahre nach … und bleibe … Tage/Wochen. — Saya pergi ke … dan tinggal … hari/minggu di sana.
Ich möchte eine Anzeige erstatten. — Saya mau melaporkan.
Man hat mir Geld/… — Seorang mencuri/…
  die Tasche/Papiere/ — tas/surat-surat
  den Fotoapparat/ — kamera/
  den Koffer/ — koper/
  das Fahrrad gestohlen. — sepeda saya.
Verständigen Sie bitte das Deutsche Konsulat. — Silahkan memberitahukan konsulat Jerman.

Freizeit

Ich möchte ein … — Saya mau menyewa …
  Fahrrad/ — sepeda/
  Mountainbike/ — mountainbike/
  Motorrad/ — sepeda motor/
  Surfbrett/ — surf-board/
  Pferd mieten. — seekor kuda.
Wo ist die (der) nächste … — Di mana …
  Bademöglichkeit/ — kesempatan untuk berenang/
  Strand/ — pantai/
  Golfplatz? — lapangan golf yang terdekat?
Wann hat … geöffnet? — Jam berapa … terbuka?

Bank, Post, Telefon

Ich möchte Geld wechseln. — Saya mau menukar uang.
Brauchen Sie meinen Ausweis? — Anda perlu melihat pasport saya?
Ich möchte eine Telefonverbindung nach … — Saya mau menelepon ke …
Wo gibt es … — Di mana mendapat …
  Telefonkarten/ — kartu telepon/
  Briefmarken? — prangko?

Tankstelle

Wo ist die nächste Tankstelle? — Di mana stasion bensin yang terdekat?
Ich möchte … — Saya mau …
  Liter … — liter …
  Benzin/Super/ — bensin/
  Diesel/ — diesel/
  bleifrei/verbleit. — tanpa timbel/
Volltanken, bitte. — Silahkan mengisi penuh.

Bitte prüfen Sie … — Silahkan mengadakan test …
  den Reifendruck/ — tekanan ban/
  den Ölstand/ — tingginya oli/

den Wasserstand/	tingginya air/
das Wasser für die	air kipa kaca/
Scheibenwischanlage/	
die Batterie.	aki.
Würden Sie bitte …	Silahkan …
das Öl wechseln/	menukar oli/
das Rad wechseln/	menukar ban/
die Sicherung	menukar sekering/
austauschen/	
die Zündkerzen	menukar busi?
erneuern?	

Panne

Ich habe eine Panne.	Saya bermogoknya kendaraan.
Der Motor startet nicht.	Motor tidak dapat menghidupkan mesin.
Ich habe die Schlüssel im Wagen gelassen.	Saya lupa kunci dalam mobil.
Ich habe kein Benzin.	Bensin habis.
Gibt es hier in der Nähe eine Werkstatt?	Apa ada bengkel mobil di dekat sini?
Können Sie meinen Wagen abschleppen?	Anda dapat menderek mobil saya?
Können Sie den Wagen reparieren?	Anda dapat memperbaiki mobil ini?
Bis wann?	Kapan akan menyelesaikan pekerjaan ini?

Mietwagen

Ich möchte ein Auto mieten.	Saya mau menyewa mobil.
Was kostet die Miete …	Berapa harga untuk …
pro Tag/	satu hari/
pro Woche/	satu minggu/
mit unbegrenzter km-Zahl/	kilometer yang tidak terbatas/
mit Kaskoversicherung/	denagan asuransi kasko/
mit Kaution?	dengan uang jaminan?
Wo kann ich den Wagen zurückgeben?	Di mana dapat mengembalikan mobil?

Unfall

Hilfe!	Tolong!
Achtung!/Vorsicht!	Awas!/Hati-hati!
Rufen Sie schnell …	Silahkan cepat memanggil …
einen Krankenwagen/	ambulans/
die Polizei/	polisi/
die Feuerwehr.	dinas pemadam kebakaran.
Es war (nicht) meine Schuld.	Ini (bukan) salah saya.

Geben Sie mir bitte Ihren Namen und Ihre Adresse.	Silahkan mengatakan saya nama dan alamat anda.
Ich brauche die Angaben zu Ihrer Autoversicherung.	Silahkan memberikan saya keterangan tentang asuransi kendaraan anda.

Krankheit

Können Sie mir einen Arzt/Zahnarzt empfehlen, der Deutsch spricht?	Anda dapat menganjurkan dokter/ dokter gigi, yang berbahasa Jerman?
Wo ist die nächste Apotheke?	Di mana apotik yang terdekat?
Ich brauche ein Mittel gegen …	Saya memerlukan obat terhadap …
Durchfall/	sakit menceret (diare)/
Halsschmerzen/	sakit leher/
Fieber/	sakit demam/
Verstopfung/	sembelit/
Zahnschmerzen.	sakit gigi.

Im Hotel

Können Sie mir ein Hotel/eine Pension empfehlen?	Anda dapat menganjurkan sehotel/ sepenginapan?
Ich habe bei Ihnen ein Zimmer reserviert.	Saya sudah pesan satu kamar di sini.
Haben Sie …	Apa ada …
ein Einzelzimmer/	kamar untuk satu orang/
ein Doppelzimmer …	kamar untuk dua orang/
mit Bad/Dusche	dengan kamar mandi/dus
für eine Nacht/	untuk satu malam/
für eine Woche?	untuk satu minggu kosong di sini?
Was kostet das Zimmer mit …	Kamar ini berapa harga dengan …
Frühstück/	makan pagi/
Halbpension/	makan pagi dan malam saja/
Vollpension?	tiga kali makan sehari?
Wie lange gibt es Frühstück?	Berapa lama dapat makan pagi?
Ich möchte um … Uhr geweckt werden.	Silahkan membangunkan saya jam … .
Ich reise heute Abend/ morgen früh ab.	Saya berangkat malam hari ini/ besok pagi.
Haben Sie ein Faxgerät/ einen Hotelsafe?	Apa ada alat faks/kotak pengaman hotel di sini?

Im Restaurant

Wo finde ich ein gutes/ günstiges Restaurant.	*Di mana restoran yang bagus/murah?*
Die Speisekarte/ Getränkekarte, bitte.	*Silahkan tolong saya daftar makanan/ minuman.*
Welches Gericht können Sie besonders empfehlen?	*Apa anda dapat menganjurkan makanan istimewa?*
Ich möchte nur eine Kleinigkeit essen.	*Saya mau makan sidikit saja.*
Haben Sie … vegetarische Gerichte/ offenen Wein/ alkoholfreie Getränke/ Mineralwasser mit/ ohne Kohlensäure?	*Apa ada … makanan tanpa daging/ anggur terbuka/ minuman tanpa alkohol/ air mineral dengan/ tanpa soda?*
Kann ich bitte … ein Messer/ eine Gabel/ einen Löffel/ Stäbchen haben?	*Ma'af, tolong saya … pisau/ garpu/ sendok/ sumpit?*
Darf man rauchen?	*Bolehkah saya merokok?*
Die Rechnung/ Bezahlen, bitte!	*Rekening/ Saya mau membayar!*

Essen und Trinken

Ananas	nanas
Apfel	apel
Austern	tiram
Banane	pisang
Bier	bir
Birne	pir
Braten	daging goreng
Brot/Brötchen	roti/roti kecil (kadet)
Butter	mentega
Ei	telur
Eiscreme	es krim
Essig	cuka
Fisch	ikan
Flasche	botol
Fleisch	daging
Fruchtsaft	air buah
Geflügel	unggas
Gemüse	sayur
Glas	gelas
Gurke	ketimun
Huhn	ayam
Kaffee, schwarz	kopi hitam
Kaffee mit Milch	kopi dengan susu
Kartoffeln	kentang
Käse	keju
Kirschen	ceri
Kokosnuss	kelapa

Kuchen	kue
Krabben	kepiting
Mango	mangga
Melone	semangka
Meeresfrüchte	makanan buah-laut
Milch	susu
Muscheln	kerang
Nudeln	makroni/(bak)mi
Obst	buah-buahan
Orange	jeruk manis
Öl	minyak
Papaya	papaya
Pfeffer	merica
Pflaumen	prem
Reis, gebraten	nasi goreng
Reis, gekocht	nasi
Rindfleisch	daging sapi
Salat	selada
Salz	garam
Schinken	ham
Schweinefleisch	daging babi
Stockfisch	ikan kering
Suppe	sup/sop
Süßigkeiten	gula-gula
Tee	teh
Tintenfisch	cumi-cumi
Wein	anggur
Weißwein	anggur putih
Rotwein	anggur merah
Roséwein	anggur rosé
Weintrauben	tandan buah anggur
Zucker	gula
Zwiebeln	bawang

Hinweise zur Aussprache

Auf Lombok spricht man Sasak, auf Bali Balinesisch, beides sehr komplexe Sprachen. Auf Bali wird man oft mit den Worten ›Om swasti astu‹ begrüßt, wobei die gefalteten Hände in Brusthöhe oder an die Stirn geführt werden. Es ist höflich, die Geste mit der Formel ›Om santi santi‹ zu erwidern.

Dieser Sprachführer ist in Bahasa Indonesia gehalten, das auch unter Indonesiern als Lingua franca benutzt wird.

j wie in ›**Dsch**ungel‹, Bsp.: sa**j**a

c wie in ›pla**tsch**‹, Bsp.: **c**ukup

y wie in ›**j**a‹, Bsp.: sa**y**a

d wie in ›Wei**d**e‹, Bsp.: **d**atang

k am Wortende wird nicht gesprochen bzw. als Verschlusslaut nur angedeutet, Bsp.: tida**k** (klingt wie ›tida‹)

e zwischen zwei Konsonanten wird fast nicht gesprochen, Bsp. b**e**rapa (klingt wie ›brapa‹)

w verschleift meist zu ›u‹, Bsp. ka**w**in

Register

Bildnachweis

Umschlag-Vorderseite: Reisterrassen bei Ubud.
Foto: *Bildarchiv Huber/H. Schmid, Garmisch-Partenkirchen*

Titelseite:
Oben: Malerische Buchten säumen die Südküste Lomboks (Wh. von S. 115)
Mitte: Anmut und Würde prägen balinesische Opferprozessionen (Wh. von S. 6/7)
Unten: Der Welt entrückt – Pura Ulun Danu Bratan am Bratansee (Wh. von S. 86/87)

Agentur Anzenberger, Wien: 94, 95 (unten), 96, 97, 100 oben, 104, 105, 106 unten, 107 unten, 110 (2), 111, 114, 118, 126 oben rechts (Robert Haidinger) – *argus, Hamburg:* 103 oben, 113 unten, 115, 123 (Hartmut Schwarzbach) – *ddp Deutscher Depeschendienst GmbH, Berlin:* 15 unten – *DIZ, München:* 14 unten, 15 oben – *Johannes Frangenberg, Solingen:* 2 erstes von oben, 11 Mitte, 46 oben links, 59, 77 oben, 80/81, 109 unten – *Bildagentur Huber, Garmisch-Partenkirchen:* 86/87 (H. Schmid) – *Gerold Jung, München:* 9 unten, 41, 126 oben links – *laif, Köln:* 16/17, 18, 23, 46 Mitte, 51, 54 (2), 55 oben, 67 oben, 88 (Clemens Emmler), 46 unten rechts, 48, 53, 55 unten, 57 (Andreas Fechner) – *LOOK, München:* 10 oben, 19, 21, 33 oben, 34 unten, 44, 65, 100 unten, 119, 120/121, 120, 121 (Jan Greune) – *Erhard Pansegrau, Berlin:* 40, 76, 98 (2) – *Elisabeth Schnurrer, Augsburg:* 14 oben, 24, 33 unten, 42 Mitte links und unten, 103 unten, 106 oben, 107 oben, 108, 109 oben, 113 oben, 117, 118, 122 (2), 124, 125, 126 unten rechts – *Martin Thomas, Aachen:* 6, 6/7, 7, 8 (3), 8/9, 9 oben, 9 Mitte, 10 Mitte, 10 unten, 11 oben, 20, 25, 26/27, 29, 30, 31, 34 oben, 35, 36/37, 38, 39, 42 oben und Mitte rechts, 45, 46 oben rechts und unten links, 49, 50/51, 52, 56, 58, 60, 61 (2), 62 (2), 64, 66, 67 unten, 68, 68/69, 70, 72, 73, 74 (2), 77 unten, 78, 79, 80, 82, 83 (2), 85, 86, 89, 90 (2), 91, 92, 95 oben, 99, 126 Mitte links und rechts, 126 unten links, 131 – *ZEFA, Düsseldorf:* 112 (W. Jacobs)

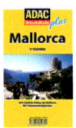

* auch als ADAC Reiseführer Plus mit CityPlan
  bzw. UrlaubsKarte

Leserforum

Die Meinung unserer Leserinnen und Leser ist wichtig, daher freuen wir uns von Ihnen zu hören. Wenn Ihnen dieser Reiseführer gefallen hat, wenn Sie wichtige Hinweise zu den Inhalten haben – Ergänzungs- und Verbesserungsvorschläge, Tipps und Korrekturen – dann schreiben Sie uns:

Redaktion ADAC Reiseführer
ADAC Verlag GmbH
81365 München
verlag@adac.de

Impressum

Lektorat und Bildredaktion: Juliane Giesecke
Aktualisierung: Elisabeth Schnurrer
Karten: Computerkartographie Carrle, München
Herstellung: Martina Baur
Printed in Germany

Ansprechpartner für den Anzeigenverkauf:
Kommunalverlag GmbH & Co KG,
MediaCenterMünchen, Tel. 089/92 80 96-44

ISBN 10: 3-87003-801-2
ISBN 13: 978-3-87003-801-4

Gedruckt auf chlorfrei gebleichtem Papier

Neu bearbeitete Auflage 2006
© ADAC Verlag GmbH, München